dtv

W0343383

»Abends im Hotel, als ich die Hefte und Notizblöcke, die Aufzeichnungen, Karten, Bücher ordnete und mein Zeug zusammenpackte, fand ich in der Windjacke, die ich tagsüber getragen hatte, die rostige Schnalle eines Gürtels, eine blaue Haarklammer aus Plastik, ein Knäuel Papier und ein abgebrochenes Stück Schulkreide. Wenn einer fortging, war es bei den Hundeessern von Svinia üblich, daß sie ihm etwas in sein Gepäck schmuggelten, nicht so sehr als Geschenk oder zur Erinnerung, sondern damit etwas von ihnen in die Welt gelange, von der sie nichts wußten, und sie mit der Welt verbinde, die alles daran setzte, sie von sich fernzuhalten.«

Karl-Markus Gauß, geboren 1954 in Salzburg, lebt dort als Autor und Herausgeber. Seine Bücher wurden in mehrere Sprachen übersetzt und mit etlichen Preisen ausgezeichnet. Zuletzt erhielt er den Vilenica-Preis für mitteleuropäische Literatur und den Manès-Sperber-Preis. Zahlreiche Veröffentlichungen, unter anderem ›Die versprengten Deutschen. Unterwegs in Litauen, durch die Zips und am Schwarzen Meer‹ (2005). Bei dtv ist von ihm erschienen: ›Das Europäische Alphabet‹ (36168), ›Die sterbenden Europäer‹ (30854), ›Der Mann, der ins Gefrierfach wollte‹ (34075).

Karl-Markus Gauß

Die Hundeesser von Svinia

Deutscher Taschenbuch Verlag

Von Karl-Markus Gauß
ist im Deutschen Taschenbuch Verlag erschienen:

Die sterbenden Europäer (dtv 30845)
Der Mann, der ins Gefrierfach wollte (dtv 34075)
Das Europäische Alphabet (dtv 36168)

Ungekürzte Ausgabe
März 2006
Deutscher Taschenbuch Verlag GmbH & Co. KG,
München
www.dtv.de
© 2004 Paul Zsolnay Verlag Wien
Das Werk ist urheberrechtlich geschützt.
Sämtliche, auch auszugsweise Verwertungen bleiben vorbehalten.
Umschlagkonzept: Balk & Brumshagen
Umschlagfoto: © Kurt Kaindl
Satz: Druckerei C. H. Beck, Nördlingen
nach einer Vorlage von Eva Kaltenbrunner-Dorfinger, Wien
Druck und Bindung: C. H. Beck, Nördlingen
Gedruckt auf säurefreiem, chlorfrei gebleichtem Papier
Printed in Germany
ISBN-13: 978-3-423-13437-8
ISBN-10: 3-423-13437-2

1

Tornal'a war menschenverlassen, als hätte die Bevölkerung ihre eigene Stadt geräumt. Schnurgerade zog die staubige Hauptstraße, die die fünfzehn Kilometer nach Ungarn, vielleicht aber auch bis in die Steppen der Mongolei führte, durch den Ort, in dem an diesem Vormittag um zehn alle Geschäfte, Imbißbuden, Ämter geschlossen hatten. Die zweigeschossigen gelben Häuser, von denen viele aus der k. u. k. Zeit stammten, standen in rechtwinkelig angeordneten Zeilen, waren schmuck herausgeputzt und wirkten unbewohnt. Auf meinem Weg begegnete ich keinem einzigen Menschen, bis ich endlich gedämpfte Stimmen und Geräusche vernahm, die aus dem schwarzen Loch eines Eckhauses nach draußen drangen. Rasch, um mir keine Ausflucht zu lassen, schritt ich durch die geöffnete Tür des Cafés Casablanca, in dem ich den Erdmittelpunkt der Ereignislosigkeit zu entdecken fürchtete.

Das Casablanca war eine Kaschemme und bestand aus einem großen, düsteren Raum, der mit dem scharfen Geruch von Urin gebeizt war. An den zehn massiven Holztischen saßen jeweils zwei, drei Arbeiter in Overalls, die bereits das Mittagsmenü, Gulasch mit Knödel, verzehrten und dazu aus klobigen Gläsern, die an die Behälter von Grablichtern erinnerten, Schnaps tranken. Nur wenige von ihnen unterhielten sich, die meisten mampften schweigend, den Blick erschöpft auf den Teller gesenkt, von dem sie ihn nur manchmal hoben, um zum Fernseher über der

Theke zu schauen, in dem sich ein paar reiche alte Damen aus Amerika ausgelassen auf slowakisch stritten, was ein imaginäres Publikum im Film fortwährend zum Lachen reizte, während jenes an den Tischen die Greisenalbernheit völlig ungerührt ertrug. Ich mußte mich beeilen, dem Kellner, einem rotblonden, vierschrötigen Mittdreißiger, abzuwinken, daß er nicht, in mechanischer Gewohnheit, auch mir sogleich Gulasch, Knödel und Schnaps brachte. Ein einziger Gast, in meinem Alter, saß mit dem Rücken zum Fernseher. Fast erloschen waren in seinem Gesicht Charme und Trotz des Filous, mit denen er früher vielleicht Erfolg, jedenfalls nicht genug davon, gehabt hatte. Jetzt war er ein dürrer, ausgemergelter Säufer, der alleine Bier aus der Flasche trank und lautlos mit sich selber sprach. Als er einmal alle Gäste versorgt hatte, stellte sich der Kellner vor meinen Tisch, pochte sich an die Brust und sagte: »April – Ich – Budapest«, was er mit triumphierender Miene so lange wiederholte, bis ich ihm nickend zu verstehen gab, daß ich verstanden hatte, wie verzweifelt er war.

Wenig später betrat ein Mann den Raum, der sein schweres, staubiges Fahrrad über die Schwelle hob, es an die Theke schob, dort anlehnte und sorgfältig mit einem Nummernschloß absperrte. Sein Tun wurde kaum beachtet, er ging, nachdem sich seine Augen an die Dunkelheit gewohnt hatten, zum Tisch des Säufers, setzte sich und bekam vom Ober auf einem Tablett eine Flasche Bier ohne Glas serviert, die er hastig leerte. Die zwei tranken noch eine Zeitlang miteinander weiter, dann erhob sich der Mann unversehens, wie er erschienen war, ging zur

Theke, sperrte das Fahrrad auf und schob es grußlos zur Tür hinaus.

Auch jetzt, um elf Uhr, war außerhalb des Casablanca kaum jemand zu sehen. Nur vor dem Gemeindeamt kehrte eine Zigeunerin mit einem Zimmerbesen den Gehsteig. Sie freute sich, daß ich sah, wie sie kehrte, und hob, als ich vorbeischlenderte, den Besen in die Höhe, als wollte sie mir Fremden erlauben, auch ein Stückchen zu kehren und, indem ich mich an der Verschönerung der Stadt beteiligte, ein wenig heimisch in ihr zu werden. In Tornal'a stellten nicht die Roma, sondern die Ungarn die größte nationale Minderheit. In seiner Geschichte hatte der Ort mehrfach den Namen wechseln müssen, zwischen 1945 und 1990 hieß er Safárikova, eine Huldigung an den slowakischen Gelehrten Pavol Jozef Safárik, der vor 200 Jahren von der humanistischen Vereinigung aller Slawen träumte, aber nie in Tornal'a und der Region des slowakischen Karsts war, an dessen südwestlichen Ausläufern der Ort lag. Die Hauptstadt des Bezirks war das zwanzig Kilometer entfernte Revúca, das vor zwei Jahren durch einen Fall staatlicher Folter berühmt wurde. Ein Polizist namens Ondrej Hudák junior hatte auf der Wachstube den 51jährigen Rom Karol Sendrej so schwer verprügelt, daß dieser, begleitet von seinen weinenden Kindern, zum Haus des Bürgermeisters zog, um sich zu beschweren. Nachdem er seine Beschwerde vorgebracht hatte, schlug und trat der Bürgermeister namens Ondrej Hudák senior gemeinsam mit seinem vom Dienst schlecht gelaunt nach Hause zurückgekehrten Sohn so lange auf ihn ein, bis er tot war. Weil sich ein slowakisches Menschenrechts-Komitee des

Falles annahm, wurde er ruchbar, obwohl das Krankenhaus von Revúca im amtlichen Totenschein bereits bestätigt hatte, daß Karol Sendrej mit seinem Leberriß, den Schädelverletzungen, Knochenbrüchen und inneren Blutungen eines natürlichen Todes gestorben war.

An der Tafel des Busbahnhofes stand, daß jede zweite Stunde ein Bus nach Revúca fahre, aber die vielen schmutzigen Fahrzeuge waren eng aneinander geparkt und offenbar schon vor langer Zeit abgestellt und vergessen worden. Und dann, in dem kleinen Park hinter dem Busbahnhof, hörte ich es doch noch, das Lachen von Tornal'a. Ein paar Jugendliche, die ihre Schultaschen abgeworfen hatten, saßen sich gelangweilt auf zwei Bänken gegenüber, und kurz bevor sie vor Langeweile tot zur Seite kippten, veranstalteten sie sitzend lieber einen Wettbewerb im Weit- und Zielspucken. Als zwei gute Auswürfe in der Mitte zwischen den beiden Bänken aufeinander landeten, jubelten sie auf; als wäre der Bann gebrochen, der über diesen Vormittag verhängt war, wurde im selben Augenblick von Geisterhand ein Motor angeworfen, zischend schloß sich die hydraulische Tür eines Busses, und der Linienwagen nach Revúca fuhr mir, offenbar fahrerlos und ohne jeden Fahrgast, auf die Minute pünktlich davon.

2

In den neunziger Jahren wurde die slowakische Öffentlichkeit, die sich eben erst bildete und es bevorzugte, von wirtschaftlichen Erfolgsmeldungen ermutigt zu werden, mit der unangenehmen Tatsache konfrontiert, daß sich die Gewalttaten gegen Roma häuften. Da wurde von pogromartigen Überfällen auf Roma-Siedlungen am Rande idyllischer Dörfer und von spontanen Prügeleien nach Fußballspielen oder Sauftouren in den Städten berichtet. Man hat das mit dem rauhen Aufbau des Kapitalismus erklärt, der die überkommenen Sicherheiten, die das paternalistische System des realen Sozialismus den Untertanen gewährte, binnen wenigen Jahren restlos zertrümmerte. In den 45 Jahren, in denen die Slowakei kommunistisch regiert worden war, hatten die Roma tatsächlich nicht fürchten müssen, von Skinheads attackiert zu werden, weil es damals keine marodierenden Banden von Glatzköpfen gab, die zum Zeitvertreib auf innerstädtische Menschenjagd gingen. Die Roma waren auch nicht, wie es heute in vielen Gemeinden der Ostslowakei der Fall ist, vollzählig arbeitslos gewesen, weil im Stalinismus jeder arbeiten mußte und es in den Jahren danach für alle, auch dort, wo sie unproduktive Tätigkeiten verrichteten, offiziell Arbeit geben mußte. Mittels eines Dekretes aus dem Jahr 1958 suchte die kommunistische Partei das Problem, das der Obrigkeitsstaat mit den nicht »permanent seßhaften Bevölkerungsgruppen« hatte, auf eine Weise zu lösen, die humanistisch anmutet und barbarische Folgen zeitigte.

Eine Serie von Erlässen, allesamt mit zukunftsfroher bürokratischer Emphase abgefaßt, erklärte die Roma nämlich zu gleichberechtigten sozialistischen Bürgern unter all den anderen sozialistischen Bürgern der Tschechoslowakei. Sie durften ihrer Herkunft wegen weder beleidigt noch benachteiligt, ja erst gar nicht offiziell von anderen Nationalitäten unterschieden werden. Dieser Fanfarenstoß leitete eine Ära ein, in der es einigen Gruppen von Roma gelang, sich in die sozialistische Gesellschaft zu integrieren, Arbeit in den großen Industriekombinaten zu finden und staatliche Bildung auch den eigenen Kindern teilhaftig werden zu lassen, von denen einzelne sogar Hochschulen besuchten und absolvierten. Da waren sie zumeist freilich keine Roma mehr. Wie sie als sozialistische Bürger unter lauter sozialistischen Bürgern das Recht hatten, gefördert und geschützt zu werden, wurde ihnen zugleich schlichtweg abgesprochen, daß sie eine eigene Bevölkerungsgruppe mit spezifischen Traditionen, eigener Sprache, besonderen kulturellen Bedürfnissen bildeten. Ihre Sprache wurde als Dialekt abgetan, den man in Kindergärten und Schulen nicht lernen und auf Ämtern, im Verkehr mit Behörden nicht gebrauchen durfte; ihre Kultur galt als Indiz sozialer Rückständigkeit, aus der die Roma am raschesten dadurch herausfinden sollten, daß sie ihrer Traditionen beraubt wurden und zu vergessen hatten, was ihnen – des Fortschritts und ihrer Gleichberechtigung wegen – dabei genommen wurde. Kurz, vor dem Gesetz waren die Roma Gleiche unter Gleichen geworden, aber nur unter der Bedingung, daß sie auch keine Besonderen mehr sein durften. Die Roma mochten sich zwar danach gesehnt haben, endlich die gleichen staatsbürgerlichen Rechte zu erhalten; ihre Sprache, Lebensform, Kultur preiszugeben oder als Makel zu verleugnen, dazu waren sie jedoch weder willens noch fähig.

Im löblichen Versuch, die drei- oder vierhunderttausend Roma in die slowakische Gesellschaft zu integrieren, ging es die kommunistische Obrigkeit durchaus rabiat an. Die angestammten Siedlungen wurden geschleift, deren Bewohner in verschiedene Industriereviere verschickt und in die überall hochgezogenen proletarischen Siedlungen gesteckt. Die Clans, in denen die Roma die Jahrhunderte mit allen ihren krisenhaften Veränderungen überlebt hatten, wurden nach Möglichkeit zerschlagen, indem man deren Mitglieder voneinander trennte, die einen in den Westen Böhmens, andere an die ukrainische Grenze zur Arbeit verpflichtete. Statt sich weiter in einer so obsoleten gesellschaftlichen Organisationsform wie dem Clan behütet zu fühlen, sollten die Roma sich künftig in Betriebsbrigaden und Siedlungskomitees zu Hause fühlen. Hatten sie bisher darunter gelitten, daß man sie immer nur ethnisch identifizierte und periodisch mit rassistischen Pogromen verfolgte, erfuhren sie nun, daß sie in Wahrheit weder Ethnie noch Rasse, sondern eine reaktionäre Schicht waren, Lumpenproleten, die entschlossen an die herrschende Arbeiterklasse herangeführt werden mußten.

Was tun mit Menschen, die in Elend und Dreck festsitzen und doch berufen sind, sich einer Klasse zu verbinden, die im Land vorgeblich herrscht? Die Berufe, mit denen die Roma jahrhundertelang ihre Existenz bestritten hatten, waren überflüssig geworden. So lange es Bauern gegeben hatte, die ihre eigenen Felder bewirtschafteten, waren die wandernden Roma saisonal beschäftigt und in den Dörfern, durch die sie zogen, oft dringlich erwartet worden. Ob sie als Hufschmiede die lahmenden Pferde wieder so weit brachten, daß sie die Wagen ziehen konnten, deren Räderwerk sie gleich auch noch reparierten, oder als Erntehelfer in jenen paar Wochen da waren, in denen das Getreide eingefahren werden mußte, damit es nicht verdarb – die wandernden Roma waren vielfältig in das ökonomische Leben einbezogen und lebten doch zugleich in ihrer eigenen, fahrbaren Welt und nach ihren eigenen Gesetzen. Gleiches galt für die vielen, die längst ansässig waren und als Schmiede, Kesselflicker oder Keramiker, im Handwerk wie Kunsthandwerk jeder Stadt gebraucht wurden.

Was aber, wenn es keine Bauerngüter, nur mehr Kolchosen gibt, deren Arbeitsgeräte strikt nach Plan in den großen Fabriken hergestellt und von Spezialisten gewartet werden, und was, wenn aus Handwerkern, diesen verächtlichen Kleinkapitalisten, endlich klassenbewußte Industriearbeiter geworden sind? Die sozialistische Gesellschaft, die den forcierten Aufbau der Schwerindustrie und die Enteignung der Landwirte betrieb, bekam mit den Roma, deren Entrechtung sie doch die Grundlage zu entziehen behauptete, ihre unerwarteten Schwierigkeiten. Viele Roma zogen herum, aber sie wurden nirgendwo mehr erwartet; andere waren so undankbar, in den schönen Plattenbausiedlungen inmitten der werktätigen Klasse nicht glücklich zu werden, nahmen Reißaus und bildeten an den Rändern der Städte und Dörfer neue Siedlungen, die sie ohne Anschluß an Kanalisation wie Stromnetz errichteten.

Obstruktion, böse Absicht oder Fügung der Natur: Mitte der siebziger Jahre wurde den um das Schicksal der Roma besorgten Bürokraten jedenfalls klar, daß es mehr Roma denn je in der Slowakei gab, daß viele von ihnen krank, aber zugleich entsetzlich fruchtbar waren. Im Juli 1977 erließ das Ministerium für Gesundheit daher eine Direktive, die beidem abhelfen sollte, der schlechten Gesundheit und der sozial so ungesund kräftigen Vermehrung. Gegen ihren Willen oder ohne ihr Wissen wurden Roma-Frauen, die in Krankenhäusern landeten, weil sie stationär behandelt werden mußten oder entbinden wollten, sterilisiert. Andere, für die kein Anlaß bestand, sich in ärztliche Pflege zu begeben und dabei das zu verlieren, was in ihrer Gemeinschaft seit je den höchsten Wert repräsentierte, die Fähigkeit nämlich, Kinder zu zeugen oder zu bekommen, möglichst viele Kinder, wurden von Sozialarbeitern mit dem Versprechen in die Spitäler gelockt, die Sterilisierung wirke nur für ein paar Jahre und werde mit der erheblichen Summe von 30 000 Kronen entgolten. Wie viele Roma in den letzten Jahren des realen Sozialismus sterilisiert wurden, ist nicht bekannt; bekannt ist, daß keine der Dutzenden Frauen, die später vor Gericht zogen, um Klage gegen Sozialarbeiter, Ärzte, den Staat zu erheben, dort zu ihrem Recht kam. Die Juristen und Gutachter des Aufbaukapitalismus bestätigten den Sozialmedizinern des Abrißkommunismus, daß sie die Roma-Frauen fürsorglich nur deswegen reihenweise sterilisiert hatten, weil bei weiteren Schwangerschaften gesundheitliche Schäden von Mutter wie Kind nicht auszuschließen waren.

3

Ich erwachte früh, weil in den beiden Zimmern neben mir zwei Männer in ihre Handys brüllten. Kurz dachte ich, daß sie über mein Zimmer hinweg miteinander stritten, doch der rechts von mir berichtete seiner Frau in gekränktem Wienerisch, wie schwierig die Verhandlungen gestern waren und mit wem er in welcher Bar wieviele Cognacs hatte trinken müssen, während der links in einer mir unbekannten, ja rätselhaften Sprache bellende Anordnungen gab. Ich stand auf und sah aus dem Fenster im achten Stock. Die Stadt war von Hügeln umgeben, auf die riesige Trabantensiedlungen gesetzt waren; im Morgengrauen rollte auf mehreren Spuren der Verkehr in die Stadt herein, von dem man wegen der Schallschutzfenster nichts hörte.

Am Abend war ich spät in Košice eingetroffen und hatte mich zwei Stunden lang von den günstigen bis zu den teuersten Hotels der Stadt hochdienen müssen. Unter der Woche waren sie alle ausgebucht, das erste von einer Wirtschaftsdelegation aus Kasachstan, das nächste von den Funktionären, die zur slowakischen Meisterschaft im Kickboxen angereist waren, und so ging es weiter, bis ich doch im Slovan landete, das ich unter allen Umständen vermeiden wollte. Es stand, zwölf Stockwerke hoch, zwischen der Ringstraße, die die Altstadt umrundete, und der Hlavná ulica, der Marktstraße, die in den Markt überging, der kein viereckiger Platz war, sondern aus zwei Häuserzeilen bestand, zwischen denen sich über mehrere hundert Meter eine Fußgängerzone mit prächtigen Gebäuden erstreckte. Ich staunte, eine solche Stadt hier, kaum sechzig

Kilometer vor der ukrainischen Grenze, zu finden. Denn Košice, von dem die meisten Mitteleuropäer nicht einmal den Namen gehört haben mochten, war kein angesichtsloser Ort am Rand Europas, sondern eine mitteleuropäische Stadt mit einem Hauptplatz, wie ich so prächtig noch kaum einen zweiten gesehen hatte, und das ganze Revier um den Hlavné námestie war vollständig restauriert, von dem gotischen Elisabethdom, der größten Kirche der Slowakei, zum Jugendstil-Theater und den zahllosen Bürgerhäusern. Daß ich im Osten angekommen war, erkannte ich daran, daß die Gotik nirgendwo barock verplempert und der Jugendstil nicht von der gefräßigen Zerstörungswut der Sparkassen und Banken verwüstet war. Der Hlavné ließ noch ahnen, wie hier vor hundert Jahren täglich zur bestimmten Stunde die Bürger flanierten, von deren geheimen, sie verzehrenden Leidenschaften Sándor Márai erzählte, der in einer Querstraße in einem herrschaftlichen Haus geboren wurde und aufwuchs. Košice war über die Jahrhunderte eine der bedeutendsten Städte Ungarns gewesen und von der ungarischen Bevölkerung Kassa, von den zahlreichen Deutschen Kaschau genannt worden.

Als ich spät am Abend resignierend im Slovan Quartier genommen hatte, tummelten sich in der eleganten Lounge noch Dutzende Leute. Tief in sein Fauteuil versunken lümmelte ein slowakischer General, die dunkelgrüne Uniform kindlich mit vielzuvielen bunten Abzeichen an der Brust und lustig baumelnden Borten an der Schulter dekoriert, dessen Offizierskappe aus einem Plastiksackerl der Firma Billa, das er neben sich abgelegt hatte, herausschaute. Ein Adjutant beeilte sich, alle paar Minuten dem

Kellner zu deuten, daß er für den General und drei Asiaten, von denen einer auch in Zivil wie der vorgesetzte Offizier der anderen aussah, laufend Nachschub an Getränken bringe. An jedem zweiten Tisch schienen Geschäfte vorbereitet, abgeschlossen oder gefeiert zu werden, und überall lungerten unauffällige Männer zwischen zwanzig und dreißig herum, die ihre Figur in der Kraftkammer oder mit Kraftfutter geformt hatten und in dunkle Anzüge gesteckt worden waren. Sie beherrschten die Technik, die Eintretenden anmaßend zu mustern, dabei in der einen Hand mit dem Mobiltelefon zu spielen, in der anderen die Zigarette zu halten und mit der dritten das Gemächt zu kneten. Der Ober, selber ein Offizier in besonderer Casino-Verwendung, nahm es mit mißbilligendem Blick, daß ich nach alter Gewohnheit ein Bier aus der heimischen Produktion bestellte, und brachte mir mit der Erklärung, Heineken sei von einer slowakischen Genossenschaft übernommen worden, eine Dose dieser geschmacksneutralen Marke. Rasch trank ich drei Dosen hintereinander, aber es gelang mir nicht, in jene leichte Trunkenheit zu geraten, die mich davon erlöst hätte, die Umgebung zwanghaft beobachten zu müssen, und darum ließ ich es bleiben und fuhr mit schalem holländischen Geschmack im Mund zu meinem Zimmer hinauf.

4

Eigentlich hatte Marie Poirot nicht deswegen Architektur in Grenoble studiert, damit sie irgendwann in Košice die desolaten Wohnungen der Roma katalogisierte. Aber einst war sie nach Bratislava geraten, hatte von dort eine Reise durchs Land unternommen und sich in den Osten verschaut. Jetzt war sie das dritte Jahr in Košice und überlegte, ob sie, wenn sie ihre Arbeit beendet haben würde, nach Hause oder weiter ostwärts sollte. Bei dem, was sie tat, wurde sie von einer französischen Hilfsorganisation unterstützt und den amtlichen slowakischen Stellen immerhin geduldet. Sie war Anfang Dreißig, hatte brünettes Haar, das struppig nach allen Seiten stand, und bewegte sich mit der traumwandlerischen Elegance schlaksiger Frauen, die im Vorübergehen überall beinahe, aber nirgendwo tatsächlich anstoßen; die Tassen und Gläser am Tisch des Cafés gruppierte sie so, daß sie über den Rand zu kippen oder im nächsten Augenblick hinuntergeworfen zu werden drohten, aber in Wahrheit waren die Dinge nirgendwo sicherer als in ihrer Griffweite. Als sie das Café betrat, war sie unter den vielen, die hier aus- und eingingen, sofort als jene Französin zu erkennen, mit der ich verabredet war. Später unterhielten wir uns über den ethnischen Blick, mit dem sich in den national gemischten Regionen Osteuropas die Leute wie nebenhin taxieren und einer bestimmten Nationalität zuordnen, und dabei hatten auch wir einander doch sogleich an äußeren Merkmalen, die uns gar nicht bewußt waren, erkannt. Marie sprach ein vorzügliches Deutsch, dessen Mängel sie damit entschuldigte, daß sie mit ihrer elsässischen Großmutter dummerweise erst auf deutsch zu sprechen begonnen habe, als sie selber schon fast erwachsen war.

Sie erzählte mir, daß sie in jeder einzelnen der Wohnungen gewesen war, die in Lunik IX eine nicht exakt zu benennende Zahl von 4000 bis 6000 Roma beherbergten. Lunik IX war der Name einer im Südwesten der Stadt gelegenen Siedlung, die in den siebziger Jahren auf einem Hügel oberhalb einer Ausfallstraße errichtet worden und mittlerweile über eine Reihe bürokratischer Zwangsmaßnahmen zum größten Zigeunerghetto Europas verkommen war. Aus der Ferne nahm es sich wie die anderen Großfeldsiedlungen aus, von denen Košice umgeben war. Die Delegationen der EU, die in den vergangenen Jahren Lunik IX einen Besuch abstatteten, hatten sich beim kurzen Rundgang allesamt einen panischen Schrecken geholt: bald würden die innereuropäischen Grenzen zur Slowakei fallen – was, wenn sich diese bedrohlichen Massen aus dem Ghetto auf den Weg machten, um bettelnd, musizierend, stehlend in Düsseldorf, Nantes oder Aarhus die Fußgängerzonen zu okkupieren? Damals hat die Slowakei die strikte Anweisung erhalten, dafür Sorge zu tragen, daß das slowakische Roma-Problem nicht zu dem werde, was es immer war, nämlich zu einer europäischen Angelegenheit. Der freie Verkehr von Waren und Personen, der einer der wichtigsten Gründe war, daß sich die Union überhaupt formierte, sollte denen erschwert werden, die diesen Verkehr in Europa seit Jahrhunderten praktizieren. Damit die Roma auch ganz gewiß in der Slowakei bleiben, wurden ein paar Hundert

Kilometer weiter im Westen realitätsfremde Hilfsprogramme erfunden, von deren jämmerlichem Scheitern sich danach lieber niemand genauer unterrichten lassen wollte.

Schon darüber, wie Lunik IX entstanden ist, ranken sich viele Geschichten und Legenden, und von all den Leuten, die ich befragte, haben mir keine zwei das gleiche gesagt. Es ist ein merkwürdiger Sachverhalt, daß zehn, zwanzig Jahre, nachdem ein Stadtteil errichtet wurde, auch die Fachleute im Amt für Stadtplanung nicht einig sind, zu welchem Zweck und nach welchen politischen Vorgaben er damals eigentlich erbaut wurde. Ein Beamter sagte mir, daß Lunik IX gewissermaßen nur aus Schlamperei, wegen der konfusen Planlosigkeit, die aus der Ära der Planwirtschaft in die der Marktwirtschaft überkommen war, zum Slum geworden sei. Marie Poirot aber vermutete anderes.

In den siebziger Jahren war auf einem der wenigen noch freien Hügel eine neue Musterkolonie errichtet worden, etwas weiter vom Zentrum entfernt als die meisten anderen Siedlungen und mit größeren Wohnungen, als sollten hier dereinst kinderreiche Familien einziehen. Offiziell hieß es, die Siedlung würde für Beamte der Stadtverwaltung und des Bezirks sowie Polizisten und Offiziere mit ihren Familien gebaut, die auch tatsächlich als erste die neuen Wohnungen in Besitz nahmen. Schon um 1980 wurden jedoch einige kleinere Slums an den Stadträndern von Košice geschliffen und deren Bewohner aus ihren wackeligen Hütten in die prächtigen Neubauten von Lunik IX geschafft. Die heute so ansehnlich restaurierte Altstadt von Košice befand sich damals in einem

Stadium baulichen Verfalls und sozialer Verwahrlosung. Die Häuser, seit zwei Generationen von ihren einstigen Besitzern, unzuverlässigen Elementen aus der Ausbeuterklasse, verlassen, vom Frost aufgerissen, vom Regen ausgeschwemmt, der bröckelnde Verputz mit riesigen Schimmelpilzen bewachsen, waren reif für den Abriß und wurden folglich nur mehr von Roma bewohnt, die, wo immer sie wohnen, es niemals mit gültigen Mietverträgen oder gar einer grundbücherlichen Eintragung ihres Besitzes tun.

Damals, als eine riesige Siedlung am Stadtrand entstanden war und im Zentrum ein Bauensemble verfiel, das zu den schönsten Europas gehört, schlug die Stunde des Bürgermeisters Rudolf Schuster, der später Staatspräsident werden sollte. Er begriff nicht nur, daß die Sanierung der Altstadt eine Investition darstellte, die sich kurzfristig nicht rechnen konnte, aber die zu tätigen gleichwohl zukunftsträchtig war. Schuster war auch bereit, jenen großen Schnitt zu vollziehen, für den sich sein Vorgänger noch nicht hatte hergeben wollen. Mit der Macht des Autokraten hat Schuster die Altstadt von Košice gerettet, indem er deren Bewohner vertrieb. Die Offiziere und Beamten verließen Lunik IX in Scharen, sobald sie erkannten, daß in der Stadt eine ethnische Säuberung im Gang und Lunik IX dazu bestimmt war, die Vertriebenen aufzunehmen. Eines Tages fuhren im finsteren, bröckelnden Revier der Altstadt Busse mit Polizisten einer Sondereinheit vor. Die Bewohner wurden aus ihren Häusern geholt und umstandslos, gegen ihr Wehgeschrei, die drei Kilometer nach Lunik IX verfrachtet. Dann kamen die Bagger, Kräne und

Raupen in die Altstadt, deren Sanierung erst nach einem Akt der Gewalt begonnen werden konnte und ein gewaltiges Werk der Stadterneuerung wurde. Marie Poirot trommelte mit ihren schlanken Fingern, an denen Medizinstudenten in der Übung für Anatomie jedes Knöchelchen hätten studieren können, auf den Tisch. Gut möglich, daß Lunik IX überhaupt nur gebaut worden war, weil die Altstadt saniert werden mußte. Und weil man im sanierten Zentrum einer Stadt, in der eines nahen Tages wissenschaftliche Kongresse veranstaltet und internationale Konzerne ihren Sitz nehmen würden, keine dieser dunklen Gestalten mehr sehen wollte.

5

Was ist es, das einen Slum zum Slum macht? Vor einigen Jahren bin ich mit Freunden im Auto durch ganz Brooklyn gefahren. Die Fahrt dauerte Stunden, und wir sind dabei durch Welten gekommen. Ob es 53 oder wirklich die sagenhaften 106 Nationalitäten sind, die Brooklyn bewohnen – da wir stur geradeaus fuhren, kamen wir jedenfalls durch italienische Kleinstädte, in denen die Leute vor der Bar Italia über die besten Spaghetti seit Mama diskutierten, durch arabische Viertel, in denen die Ehre der Frauen durch ein schwarzes Zelt geschützt wurde, das eine jede von ihnen mit sich trug und das nur einen schmalen Augenschlitz frei ließ, durch einen karibischen Bezirk, in dem Gruppen von Rastafari auf Mülltonnen trommelten, eine jüdisch-orthodoxe Gemeinde, in der die

Männer in schwarzer Hose, weißem Hemd und mit Hut unterwegs waren, als wären sie noch im galizischen Schtetl, das ihre Großeltern verlassen hatten ... Und immer wieder kamen wir durch Abrißviertel, in denen Jugendliche auf der Straße standen, torkelten, lagen, zumeist Schwarze, aber nicht immer, viele Häuser ausgebrannt, andere sichtlich mitgenommen und fast alle mit Losungen beschmiert waren, die die Reviergrenzen von Gangs markierten oder dem ziellosen Haß einer apathischen Bewohnerschaft Ausdruck verliehen, welche an ihrem Elend nichts mehr zu ändern vermochte, außer daß sie es durch die Gewalttätigkeit, mit der sie gegen sich selber wütete, noch verschärfte. Wer in Brooklyn lebt, fährt mit dem Wagen oder dem Bus alle Tage durch diese Viertel, in denen die Gewalt jeden Moment hochzuschießen droht, er kann gar nicht anders, als an solchen Straßen vorbeizukommen und die zerstörten Häuser, die wankenden Menschen, die dritte Welt in seiner Nachbarschaft zu sehen. Und er sieht sie doch nicht.

Das Wesentliche an einem Slum ist nicht die Armut, nicht die Gewalt, nicht die Arbeitslosigkeit, nicht der Verfall. Das Wesentliche eines Slums ist seine Unsichtbarkeit. Der Slum ist nebenan, aber man sieht ihn nicht. Ich habe in Košice fast keinen Bewohner der Stadt gefunden, der je in Lunik IX gewesen wäre. Ich habe im ganzen Land nur wenige Leute getroffen, gleich ob sie der ungarischen, deutschen, ruthenischen, polnischen oder slowakischen Volksgruppe zugehörten, die auch nur mit einem einzigen Roma näher bekannt gewesen wären. Lunik IX ist mit dem Auto vom Stadtzentrum in zehn Minuten zu erreichen und bildet die Endstation eines städtischen Linienbusses. Nie aber ist dort jemand aus- oder zugestiegen, der nicht ein Bewohner des Ghettos gewesen oder als Sozialarbeiter dorthin gekommen wäre, und was die Leute über dieses Viertel ihrer eigenen Stadt zu erzählen wissen, haben sie immer nur von jemandem gehört, der es meistens auch nicht aus erster Hand wußte.

Man kann sich darüber entrüsten, aber das ändert nichts: Der Slum bleibt unsichtbar, auch wenn man jeden Tag an ihm vorbeifährt, der Slum ist von einer unsichtbaren Mauer umgeben, und diese Mauer trennt Welten voneinander. Hinter der Mauer leben andere Menschen, die von manchen, die sich sonst zivilisiert zu gebärden wissen, unverhohlen gar nicht für richtige Menschen gehalten werden. »Du siehst aus der Weite einen Menschen näherkommen«, sagte einer, der sich mir gegenüber zuvor höchst liebenswürdig erwiesen hatte, »und wenn er da ist, siehst du, es ist doch nur ein Zigeuner.«

Fährt man von der Ausfallstraße in das Ghetto hinauf, findet man dort eine kleine, versteckte Straße, die Lunik IX mit dem nächsten Vorort von Košice verbindet. Sie wird kaum befahren oder begangen, denn um nach Myslava zu gelangen, benutzen die Leute lieber die Ausfallstraße, die zuerst am Hügel Lunik IX vorbeiführt und dann, nach nicht einmal hundert Metern, eine Abzweigung hat, die nach Myslava führt. Dies ist eine idyllisch an einem rauschenden Bach gelegene Vorstadt, in der sich alte Bauernhäuser mit neuen Villen abwechseln und viele teure Autos stehen. Das Glück des Wohlstands scheint ungefährdet, in den Gärten warten steinerne Grillöfen auf den Sommer und Schaukeln auf die Kinder, daß sie aus der Schule oder dem Kindergarten nach Hause kommen. Das Ghetto ist keine dreihundert Meter entfernt, und die Bewohner von Myslava fahren jeden Tag an Lunik IX vorbei, ohne es je gesehen und sich in die Siedlung hinaufgewagt zu haben.

6

Marie Poirot bot mir an, mich am Wochenende durch Lunik IX zu führen, wo sie drei Jahre lang studiert hatte, wie die Roma wohnten, und wo sie, Wohnung für Wohnung besichtigend, Familie um Familie befragt hatte, wie sie gerne wohnen würden. Als die Roma aus den kaputten Häusern der Stadt vertrieben und in die neuen Blöcke eingewiesen wurden, hatten sie anfänglich die oberen Stockwerke nicht in Besitz nehmen wollen. Es dauerte eine Zeit, bis sie, die es gewohnt waren, ebenerdig oder allenfalls in zweistöckigen Häusern zu wohnen, sich nach und nach die höheren Etagen eroberten. Es hat dann aber nicht lange gedauert, bis die stolze neue Wohnanlage aussah, als wäre sie bereits vor Jahrzehnten erbaut und seither niemals renoviert worden. Denn die Roma, die in eine Siedlung, die ohne ihr Zutun geplant und errichtet wurde, gezwungen worden waren, fühlten sich in dieser nicht wohl und wußten nicht, wie ein paar Tausend Leute auf so engem Raum ihr alltägliches Zusammenleben erträglich gestalten konnten; sie kannten nämlich jene urbane Kultur nicht, bei der ein jeder für sich lebt und dem Nachbarn den Frieden der Anonymität läßt, sondern pflegten mit allen, die mit ihnen wohnten, ein persönliches Verhältnis einzugehen, und wer kann das schon bei ein paar Tausend Leuten?

Ehe mich Marie durch ihren Arbeitsplatz führen und mir erklären würde, was sie alles herausgefunden hatte, sie, die von außen, gar aus einem fremden Land und noch dazu als Frau in diese geschlossene Gesellschaft eingedrungen war, wollte ich mir den Ort alleine anschauen. Wem immer ich in Košice erzählte, daß ich vorhatte, Lunik IX zu besuchen, der riet mir entsetzt davon ab. Universitätsdozenten, die ihr akademisches Leben lang die Ideale von Aufklärung und wissenschaftlicher Kritik verfochten hatten, warnten mich, als stünde dort oben, bei den Zigeunern, mein Leben auf dem Spiel; junge Leute, die durch halb Europa getrampt waren, in Amsterdam gekifft, an der Costa Brava gesoffen und in London im Park genächtigt hatten, zeigten sich entsetzt über so viel sinnlosen Wagemut. Ich hatte den Eindruck, ich wurde all den freundlichen Leuten gleich unsympathisch, weil ich, statt das Technische Museum oder das Nikolausgefängnis zu besichtigen, unbedingt in jenen Stadtteil wollte, von dem ihnen oft erst auf meine Fragen hin aufgefallen war, daß sie selbst ihn gar nicht kannten.

Der Taxifahrer hielt unten, dort, wo der städtische Bus stehenbleibt, und machte sich nicht einmal des Trinkgeldes wegen die Mühe, seine Verachtung für mich zu verbergen. Lunik IX, das sind zwei Plateaus, von dem auf dem einen, unteren, eine Schule, ein Kindergarten und ein Fußballplatz zu finden sind. Auf das höhere Plateau, das vielleicht dreihundert Meter lang und zweihundert Meter breit ist, sind rund zwanzig, zumeist sechsstöckige Häuser gebaut, von denen neun nebeneinanderstehende als hintere Front das Gelände abschließen. Als ich gegen Mittag an diesem Werktag nicht ohne Beklommenheit hinaufging, standen auf der vom Frühjahrsregen aufgeweichten, braunen Wiese zwischen den Häusern gewiß fünfhundert Leute. Ständig wanderten kleinere Gruppen zur Bushaltestelle hinunter, von wo andere mit gefüllten Einkaufstaschen heraufkamen, aber die allermeisten der Leute, diese Hunderten gingen nicht weg und kamen nicht her, sondern standen, sie standen alleine, zu zweit, zu zwanzig auf dem Streifen Asphalt vor ihren Häusern oder im Matsch zwischen den Häusern, sie standen, rauchten, schienen sich nur ausnahmsweise miteinander zu unterhalten und auf mich nicht im geringsten zu achten. Aus den Fenstern, die auch zu dieser Jahreszeit, sofern sie überhaupt Scheiben hatten, geöffnet waren, dröhnte Musik, aus jedem eine andere, und die Balkone waren dicht behängt mit Wäsche und mit einer Schüssel zum Empfang der Satellitensender ausgestattet. Auf aberwitzige Weise waren von den riesigen Strommasten die Leitungen direkt über den Balkon in die Wohnungen gelegt, sodaß ich wie unter einem Netz aus schwarzen Kabeln und Leitungen ging. Die Häuser, die aus der Ferne weiß ausgesehen hatten, erwiesen sich von nah als grau, fleckig, und die Fenster, aus denen die Ofenrohre direkt ins Freie rauchten, waren von schwarzem Ruß eingefaßt. Überall standen große Mistkübel, die aber nicht von jedem, der etwas wegzuwerfen hatte, genutzt wurden. Zwischen ihnen und dem Mist, der nicht im Kübel gelandet war, wieselte eine unüberschaubare Zahl von Kindern durcheinander, und auf meinem Rundgang kamen mir zahllose bleiche Kinder entgegen, die selbst bereits wieder Kinder hatten oder, heftig rauchend, mit solchen schwanger gingen.

Ich zog eine große Runde auf dem Plateau, und wenn ich jemandem zunickte, nickte er mir zurück, und wer von mir gegrüßt wurde, der grüßte auch mich. Die Leute betrachteten mich nicht feindselig, sondern gar nicht, und obwohl sie hauptsächlich nur mit Stehen, mit dem Herumstehen beschäftigt schienen, wurden sie von dieser Tätigkeit so vollständig in Anspruch genommen, daß sie offenbar zu anderem nicht die Kraft hatten. Es geschah nichts, weder Gefährliches noch Aufregendes, aber je länger ich dort war, umso stärker spürte ich, wie schwer und lähmend dieses Nichts auf der Siedlung lastete. Ich zwang mich, meinen Schritt nicht zu beschleunigen, sondern meine Runde gemessen, wie ich sie begonnen hatte, zu Ende zu gehen. Als ich zu meinem Ausgangspunkt zurückgekommen war und in die Straße einbog, die hinunter zur Busstation führte, drehte ich mich um und bemerkte, daß mir fünfhundert Menschen nachsahen.

7

Als sie mit ihrer Studie, wie sich die Wohnverhältnisse und die soziale Lage der Roma in Lunik IX verbessern ließen, schon ein Stück vorangekommen war, fiel Marie Poirot auf, daß die Ergebnisse ganz andere waren, als sie vermutet hatte. In einer Wohnung mit drei Räumen wohnten durchschnittlich zwölf bis sechzehn Leute, und sie hatte angenommen, die Umgesiedelten würden nichts sehnlicher wünschen, als größere Wohnungen zu erhalten. Aber das Seltsame war, daß die meisten von ihnen mit Größe und Ausstattung ihrer Wohnung durchaus zufrieden waren. Daß man mit den Eltern und den unverheirateten Geschwistern zusammenblieb, auch wenn man eine eigene Familie gegründet und rasch drei, vier Kinder bekommen hatte, war für die meisten Roma selbstverständlich. Arm, wer alleine leben mußte, ohne von Verwandten umgeben zu sein! Was die meisten wollten, war, daß die Herde und Fernseher, die fortwährend kaputt gingen, rasch und wie von selbst wieder repariert wurden; worunter sie litten, das war die Mißachtung, die ihnen zuteil wurde, kaum daß sie das Ghetto verließen, um in der Stadt einzukaufen oder bei einem Amt vorstellig zu werden; und wogegen sie sich empörten, das war das neue Gesetz, wonach die Sozialhilfe zur Gänze nur mehr ausbezahlt wurde, wenn die Kinder regelmäßig die Schule besuchten. Diese Regelung, von Selbsthilfegruppen der Roma gemeinsam mit ihnen wohlgesonnenen Bildungsexperten entworfen, sollte bewirken, daß die nächste Generation besser ausgebildet und befähigt werde, sich für eine Lehre zu qualifizieren. Denn die jetzt Dreißigjährigen waren, wenn überhaupt, nur wenige Jahre zur Schule gegangen, wo sie gewohnheitsmäßig von den Weißen, wie sie die Nicht-Roma nennen, separiert und in Sonderschulklassen gesteckt wurden. Die Arbeitslosigkeit in Lunik IX ist folglich hoch, wenn auch nicht so hoch wie in den ländlichen Slums, wo sie vielenorts bei hundert Prozent liegt. Gleichwohl leben auch in Lunik IX fast alle Leute von der Sozialhilfe. Eine ganze Bevölkerungsgruppe ist in die entwürdigende Situation gedrängt, zu ihrer Existenzsicherung nichts als den Gang zu den Behörden beitragen zu können. Vom Arbeitsmarkt ausgeschlossen, ist es der Markt sozialer Hilfsleistungen, auf dem sie sich behaupten müssen. Der Sozialbetrug, die Erschleichung von Zuschüssen, die ihm eigentlich nicht zustehen, ist der Bereich, in dem sich der erwachsene Rom als guter Familienvater, der für die Seinen sorgt, zu bewähren hat. Er sieht darin weder etwas moralisch Falsches noch gesellschaftlich Schädliches, sondern nahezu den einzigen Erwerbszweig, in dem er es mit Erfahrung und Geschick zu etwas bringen kann.

Die Mißachtung, unter der die Roma leiden, ist längst in Selbstverachtung gekippt, und zu dem Elend, in dem sie leben, gehört auch die Ausbeutung, die ihr Verhältnis untereinander reglementiert. Lunik IX ist eine Klassengesellschaft, und ein Freund Maries vermutete, daß in diesem Slum sicher auch zwei, drei Millionäre lebten. Da Roma von keiner Bank Kredite erhalten, hat sich bei ihnen ein eigener Stand von Geldverleihern und Wucherern herausgebildet, der sich mit einem Stand der Schuldeneintreiber umgibt. Wer einmal in Schuld geraten ist, lebt nahe der Sklaverei, weil er aus Eigenem niemals so viel Geld verdienen kann, die Schuld samt Wucherzinsen zu tilgen. Seit Jahren organisieren die Wucherherren die europaweiten Bettelfahrten ihrer Schuldner. Sie statten sie mit Pässen und Visa aus und verschicken sie in Gruppen von sechzig, achtzig Leuten in die wohlhabenden Länder des Westens. Belgien etwa, das sich lange Asylverfahren ersparen wollte, zahlte jedem Roma, der sich bereit erklärte, wieder nach Hause zu fahren, bis vor kurzem eine Prämie aus. Vorletztes Jahr wurde Košice das denkwürdige Schauspiel geboten, daß eine Kolonne von zwanzig belgischen Taxis, ein jedes mit drei Roma besetzt, nach Lunik IX gefahren kam. Die Fahrt hatte der Stadtrat einer flämischen Provinzstadt bezahlt, der heilfroh war, die sechzig Bettler ohne viel Aufhebens wieder losgeworden zu sein. Die Taxis hatten das Ghetto noch nicht verlassen und die Verwandten und Freunde waren von den Heimgekehrten noch gar nicht alle umarmt, da war die Kopfprämie bereits von jedem einzelnen eingetrieben worden. Die aus Belgien kamen, hatten sich damit aus ihrer Schuldknechtschaft jedoch keineswegs befreit, sondern mit dem, was sie nach Hause brachten, nur die Zinsen getilgt. Im großen mörderischen Stil machen Weltbank und Internationaler Währungsfond das mit den Hungerländern der Dritten Welt nicht anders, warum sich also empören, daß im kleinen Roma so mit Roma verfahren?

Die Wuchermillionäre leben, im Unterschied zu den internationalen Finanzexperten, aber nicht fern dem Elend, in schöneren Gegenden mit märchenhaften Villen, sondern im Ghetto selbst, denn ihre Herrschaft beruht auf Präsenz. Sie bestätigt sich auch darin, daß sie den Leuten, die sie gnadenlos ausbeuten, Momente des Glücks bescheren, Willkommensfeste, für die sie großzüßgig die Getränke spendieren, Hochzeiten, bei denen sie für die Geschenke aufkommen. Die Roma, die in den westeuropäischen Städten mit demütiger Gebärde um ein wenig Geld betteln, sind oft solche Schuldsklaven, die von ihren Wucherherren auf vorher festgelegte Routen geschickt werden; immer werden sie dabei von Vasallen der Wucherer begleitet, die gegebenenfalls für den Verkehr mit Polizei und Behörden zuständig sind, Abend für Abend das erbettelte Geld einkassieren und ihrem Herrn auch dafür verantwortlich sind, daß alle seine Schuldner wieder nach Hause zurückkehren, denn als Schuldner möchte er sie sich ja erhalten.

Ich hatte einen Termin beim Roma-Bürgermeister von Lunik IX vereinbaren wollen, aber er war in wichtigen Amtsgeschäften verreist. Aus verschiedenen Motiven, zu denen Tradition und Ehre, Klugheit und Brutalität, Geld, Großzügigkeit und Gewalt gehören, wurde er von den einflußreichsten Männern der Siedlung in seiner besonderen Stellung anerkannt. Lunik IX ist als Roma-Siedlung nicht durch langsamen Zuzug, sondern durch eine Kette administrativer Akte entstanden. Der Bürgermeister hat daher wenig mit dem Vajda oder dem Mujalo zu tun, die in den traditionellen Gemeinschaften, die in den letzten Jahrzehnten fast allesamt zerstört wurden, allgemein respektiert und für geeignet gehalten wurden, die Streitigkeiten im Inneren gerecht zu schlichten und die Angelegenheiten aller nach außen zu vertreten. Die Bürgermeister der städtischen Slums sind vielmehr oft feste Stützen des Systems, wie es ist, haben sie doch kein Interesse, daß sich etwas ändere, daß die Kinder zur Schule gehen, eine Ausbildung erhalten und dadurch eine gewisse Unabhängigkeit erringen. Ihre Herrschaft ist auf dem Unrecht gegründet, dem sie ihre Macht abzupressen wissen. Der letzte Bürgermeister von Lunik IX ist von ranghohen Vertretern der EU besucht worden, die sich ausgerechnet von ihm unterrichten lassen wollten, wie sie die Roma dauerhaft vom Reichsgebiet der Union fernhalten könnten, und wiewohl er mittlerweile wegen Drogenhandels, Waffenschiebereien und Wucherei im Gefängnis sitzt, geben sich die offizösen Vertreter Europas bei dem von ihm eingesetzten Nachfolger weiterhin die Klinke in die Hand. Staatsmännisch beklagt dieser vor ihnen die Entrechtung der Roma, über die er zugleich mißtrauisch wacht, daß sie erhalten bleibe. Denn wenn seine Schutzbefohlenen ohne ihn zu ihrem Recht kämen, dann bräuchten sie ihn nicht, und wenn ihre Kinder Stellen als Lehrlinge erhielten, dann würden sie nicht als Bettler durch Europa geschickt werden können, und wenn es eine Schicht gebildeter Roma gäbe, dann wäre es um die Grundlagen seiner Herrschaft geschehen.

Auch in Lunik IX traf ich eine Handvoll Roma, die höhere Schulen abgeschlossen hatten und erwerbstätig waren. Sie waren allesamt aus der Gemeinschaft der Roma ausgestoßen worden und lebten mit einigen hierher gespülten Weißen in einem Haus am äußersten Rand der Siedlung. Als Verräter verschrien, die die alten Sitten nicht achteten und den neuen Herren den Respekt verweigerten, wurden sie von ihren Leuten geschnitten und von den Bürgern von Košice als Roma wie alle anderen verachtet.

8

Was ich sah, war ein großes Durcheinander, ein wogendes, vibrierendes Durcheinander. Wer in einen Slum gerät, hält ihn anfänglich für gefährliches Terrain, in dem die Ordnung zerfallen ist und die Willkür regiert. Was er sieht, mutet ihn chaotisch an, unberechenbar, weil er in seinem Ablauf weder Ziel noch Struktur zu erkennen vermag, sondern nur Laune, Verhängnis, die Despotie des Augenblicks. In Lunik IX kam mir ein Haus wie das nächste vor, außer daß ein paar besser in Stand waren als die anderen; die unzähligen Leute wiederum, die sich im Freien befanden, schienen mir wie absichtslos und zufällig auf dem Gelände verstreut zu sein, auf dem Scharen von Kindern fangen spielten, dabei ihre Haken schlugen und ungeregelt das ganze Revier durchquerten. Auch als ich das zweite, das dritte Mal heroben war, manche Leute bereits wiedererkannte und mir ein paar Burschen schon lässig zuwinkten, kam ich nicht dahinter, nach welchen mir verborgenen Regeln hier herumgestanden, von da nach dort gegangen, die Zeit mit wenig Handlung ausgefüllt wurde; bis ich schließlich überzeugt war, daß es gar keine besonderen Regeln dafür gab und die soziale Geometrie der Bewegungen aus zufälligen Arabesken bestand.

Als ich von Lunik IX schon genug gesehen zu haben glaubte, lud ich Marie Poirot in ein Restaurant zum Abendessen ein, um mich von ihr zu verabschieden. Ich dachte daran, wie viele merkwürdige Menschen ich in den letzten Jahren auf meinen Reisen kennengelernt hatte, mit denen mich selten das gleiche Interesse, aber oft die gleiche Haltung verbunden und die ich allesamt wieder aus den Augen verloren hatte. Ich wußte wenig von ihnen und sie waren keine Freunde geworden, aber hatten mich gegen die Kälte mit der Gewißheit imprägniert, daß es überall Menschen gab, die sich für die Welt und nicht für deren Inbesitznahme interessierten.

Ein paar Tage vorher hatte ich die Unterkunft gewechselt und war vom Slovan in eine kleine Pension übersiedelt. Dort konnte ich abends freilich weder die Leibwächter der Neureichen noch diese mit ihren Obsessionen beobachten, und so war ich viel in den Gassen der Altstadt unterwegs gewesen, ohne auch nur ein einziges Lokal gefunden zu haben, in dem slowakische Gerichte zubereitet wurden. Jetzt landeten wir in Bills Restaurant, von dem wir erst nach und nach mitbekamen, daß es vollständig dem Mythos Bill Clintons gewidmet war. An den Wänden des Kellergewölbes hingen Fotografien von Arkansas und Washington, über der Theke war ein Saxophon angebracht, und die Speisekarte war auf Raffinessen wie Entrecote à la Bill spezialisiert. Nebenhin fragte mich Marie, ob mir aufgefallen war, wie die Kinder in Lunik IX spielten. Ich sah sie vor mir, wie sie schreiend, ausgelassen, schmutzig herumgelaufen waren, in die Pfützen sprangen, stets war es ein ganzer Knäuel von Kindern, die kein Erwachsener zur Ruhe ermahnte oder zur Ordnung rief, und ich erinnerte mich, daß ich trotz der deprimierenden Stimmung, einer Art von nervöser Ereignislosigkeit, die über der Siedlung lag, gedacht hatte, daß es immerhin für die Kinder hier paradiesisch war. Sie hatten jenen Auslauf, den die Kinder der Stadte sonst kaum noch haben, und sie bewegten sich in einem von Belehrung wie Förderung freien Raum, der ihren Altersgenossen anderswo längst rigoros genommen ist.

Marie hatte ein Jahr gebraucht, bis sie erkannte, daß selbst die kleinsten Kinder genau wußten, mit wem sie spielen durften und welche Plätze sie, die so unbedacht herumzuziehen schienen, zu meiden hatten. Weil die Roma an unterster sozialer Stelle rangieren, ist man versucht, sie mit unverständigem Wohlwollen für ein einiges, buntes Völkchen aus lauter Unterdrückten zu halten. Daß in Lunik IX Klassenunterschiede herrschten, hatte ich erfahren; aber daß es zudem eine starre Kastengesellschaft war, hätte ich aus eigener Anschauung noch längere Zeit nicht zu erkennen vermocht. Es stimmte, einige der Kinder waren verwahrlost, der Dreck klebte nicht nur an der zerschlissenen Kleidung, sondern auch an ihren Gesichtern, und sie liefen auch jetzt, im kalten März, mitunter barfüßig oder nur mit einem Schuh herum, während andere zwar wilder spielen durften, als es bei uns der Brauch geworden ist, aber der Jahreszeit und auch der Kindermode gemäß gekleidet waren. Es stimmte, einige Häuser waren in passablem Zustand, andere hatten in keinem einzigen Fenster ein Glas. Der Gang war bei den meisten voller Gerümpel, aber in dem einen Haus, am Ende der aus neun Gebäuden bestehenden hinteren Front, trat ich in der Finsternis des Treppenhauses auf ein totes Tier, das hier lag, verweste und von niemandem fortgeschafft wurde.

Nach Lunik IX, erfuhr ich, waren aus der Altstadt von Košice und einigen Siedlungen der Umgebung die Angehörigen dreier verschiedener Kasten umgesiedelt worden. Die Roma stellten die höchste Kaste, ihr Name bedeutet bekanntlich Mensch. Als Ciganik bezeichnete Marie die mittlere Kaste, ein Name, in dem die halb abwertende, halb anerkennende Bedeutung von Gauner, Ganove mitschwingt. Roma und Ciganik pflegten sich zwar voneinander zu unterscheiden und abzugrenzen, aber standen in alltäglichem Verkehr miteinander; auch heiratete mitunter eine Ciganika einen Rom, sodaß die Grenzen zwischen beiden Kasten überwindbar blieben. In die unterste Kaste aber, den Unberührbaren in Indien verwandt, waren die Degesi geworfen. Die Roma-Frauen beschwerten sich, daß ihre Kinder im Kindergarten mit denen der Degesi im gleichen Raum spielen mußten; wo sie doch auf der großen Wiese der Siedlung, in der es keinen Zaun und keine Markierung gab, niemals miteinander in Berührung kamen. Durch Lunik IX, einen Slum, dessen Wesen es ist, für die Städter unsichtbar zu sein, schnitten selbst lauter unsichtbare Grenzen. Ein Degesi durfte nicht in die Wohnung, gar in die Familie eines Rom einzudringen versuchen. Er galt als unrein, und wer mit ihm zu tun bekam, stand in der Gefahr, selber unrein zu werden. Denn Degesi bedeutet Hundeesser.

9

Das Hotel Centrum war eine jener protzigen Hotelanlagen, die mit dem Fall des realen Sozialismus ausgedient hatten. Früher waren sie zuverlässig mit den Abordnungen befreundeter Staaten belegt worden, die immer etwas zu besuchen, enthüllen, kontrollieren oder in Planung zu setzen hatten. Mit dem Zerfall des Ostblocks wurde die Ostslowakei zur abgekoppelten Region am Rande, die niemand mehr besuchte, mit der kaum jemand etwas plante und in der es auch die tschechoslowakische Rüstungsindustrie mitsamt ihren Geheimnisträgern nicht mehr zu kontrollieren galt. Obwohl es kaum mehr Gäste gab, hatte das Hotel Centrum den Übergang in die privatwirtschaftliche Ära ausgezeichnet geschafft. Die Zimmer wurden an die neu entstehenden, oft rasch zusammenbrechenden und unter anderem Namen neu gegründeten Firmen vermietet, und als ich in die über und über mit Firmenschildern tapezierte Empfangshalle trat, ging es zu wie in einem Taubenschlag. Leute kamen und gingen, nein liefen, vermutlich um die Wirtschaft schneller auf Vordermann zu bringen, aufgeregt durcheinander, auf der Suche nach dem Büro für Safarireisen im ehemaligen Zimmer 114, nach dem Scheidungsanwalt auf 204, der Agentur für Betriebsgründungen von 300 bis 311 oder einer privaten Telefonfirma, die den halben vierten Stock gebucht hatte.

Die Roma Press Agency und der Verein Media Monitoring hatten ihre Zimmer im siebten Stock, und als ich eintrat, waren etwa zehn junge Leute bei der Arbeit. Marie Hornáková war Anfang Zwanzig, hatte langes, schwarzglänzendes Haar, unter schwarzen Brauen schwarzschimmernde Augen und war, was soll ich sagen? Sie war das Inbild einer schönen jungen Rom. Ich war erst ein paar Wochen im Land, aber schon widerfuhr es mir, daß ich wie selbstverständlich in einem Menschen zuerst den Rom identifizierte und mich später wunderte, einen ganz normalen Menschen kennengelernt zu haben, der sich nicht als Repräsentant, sondern als Individuum fühlte. Maria Hornáková zeigte mir die Räume und erklärte, worum es bei ihrer Arbeit ging. Sie betonte aber, daß sie hier nur Sekretärin war und ihre Arbeit zwar gerne tat, aber keinerlei Verpflichtung fühlte, gerade hier zu arbeiten. Eher war sie froh, einen guten Job gefunden zu haben, was für junge Leute in Košice ohnehin nicht selbstverständlich war und für eine Rom die glückliche Ausnahme bedeutete. Sie war in einem Dorf, eine halbe Stunde von Košice entfernt, aufgewachsen und von ihren Eltern zur Schule geschickt worden. Es war ein Vorteil, sagte sie, daß es in ihrem Ort ein paar, aber nicht allzu viele Roma gegeben habe, denn einzelne Kinder aus Roma-Familien würden in der Pflichtschule, wenn sie sich gelehrig zeigten, nicht von vorneherein ausgemustert. Stellten sie aber ein Drittel oder die Hälfte der Schüler, dann wurden sie allesamt in separate Klassen gesteckt. Die Direktoren rechtfertigten das damit, daß sie bereits mit großen Defiziten in die Schule kämen und nur in Sonderklassen die ihnen gebührende Förderung erfahren könnten; in Wahrheit waren es meist die Eltern der anderen Kinder, die Druck auf die Schulleitung ausübten, indem sie drohten, ihre Kinder in die Schule des nächsten Ortes zu bringen, wenn sie mit Roma-Kindern zusammen in der Klasse sitzen müßten. Maria Hornáková hatte sich jedenfalls durchgebissen und nach der Pflichtschule auch das Gymnasium besucht und absolviert. Ihre Familie hatte die Tochter, die den höheren Schulabschluß unbedingt schaffen wollte, in ihrem Streben unterstützt, was zwar nicht selten vorkam, aber längst nicht die Regel bei Roma-Familien war.

Außer den Vorurteilen, der Angst und dem Unwissen der Weißen waren nämlich die Vorurteile, die Angst und das Unwissen der Roma das Problem. Vor allem der Männer. Die befanden sich schon seit längerem in einer erbärmlichen Lage, in der sie sich auf erbärmliche Weise eingerichtet hatten. Der Mann war traditionellerweise das Oberhaupt der Familie, und daß die Familie viele Köpfe zählte, war sein Stolz. Aber er hatte seiner Familie nichts mehr zu bieten, die Berufe, in denen er ihr Brot verdient hatte, waren ausgestorben, er hatte darüber oft sogar die Fertigkeiten, mit denen er sein Handwerk ausgeübt hatte, vergessen und war sich selbst in einem Ausmaß abhanden gekommen, daß er nicht einmal mehr wußte, wie er die Hütte, die er bewohnte, reparieren konnte. Seine Stellung in der Familie beruhte auf abgelebter Erinnerung an bessere Zeiten, die nie gut, aber schon einmal besser als heute waren, auf einer Tradition, die sich vollständig zersetzt hatte. Aus ihm war ein Patriarch geworden, für dessen Herrschaft nichts mehr sprach, außer daß es sie immer schon gegeben hatte. Die Stellung des Mannes als des Oberhauptes, das respektiert zu werden hatte und die wichtigen Entscheidungen für die Familie traf, war eigentlich unhaltbar geworden, und darum wehrten sich so viele Männer auch dagegen, daß ihre Kinder zur Schule gingen. Während die Frauen sich bemühten, daß diese sich rechtzeitig aus dem Hause machten und alle ihre Sachen beisammen hielten, höhnten die Männer über derlei Verhalten, das nur den berechnenden Gadsche, nicht den Roma würdig war. Sie wollten keine Kinder, die mehr wußten als sie, und sie wollten schon gar keine Töchter, die eine bessere Ausbildung hatten als sie.

Sollte in zehn, zwanzig Jahren eine neue Generation von Roma herangewachsen sein, die immerhin die Pflichtschule besucht hat, wird es um Macht, Ehre, Stolz dieser Männer geschehen sein. Schon jetzt bestritten sie ihre Existenz hauptsächlich, indem sie herumstanden und die Frauen dabei behinderten, das Haus in Ordnung zu halten und die Kinder in die Schule zu schicken. Dann aber werden sie nicht einmal mehr herumstehen und den stolzen Eindruck von freien Menschen zu machen versuchen, die herumstehen, weil es ihnen eben gefällt, herumzustehen, sondern sie werden wie die letzten Indianer mit der Schnapsflasche in der Hand im Dreck liegen.

10

An diesem Tag erfuhr ich endlich, was es mit der Tugend der Kritik auf sich hat. Ich mußte dafür 48 Jahre alt werden, mich in den siebten Stock eines einstigen Hotels in der Ostslowakei begeben, alles vergessen, was ich in Österreich gelernt hatte und Krístina Magdolenová zuhören. Wenn die freundlichen jungen Leute, die in der Roma Press Agency vor ihren Computern saßen, nicht mehr weiter wußten, gingen sie durch die offene Tür zu ihr in die Chefredaktion, um sich Rat oder Ermutigung zu holen. Die Zwanzigjährigen waren damit beschäftigt, alle Nachrichten zu sammeln, die in der Slowakei und in ganz Osteuropa von staatlichen oder privaten Stellen über die Roma verbreitet wurden; sie sammelten diese Nachrichten aber nicht nur, sondern werteten sie auch aus, bewerteten und kommentierten sie und forschten dort weiter, wo andere abgebrochen hatten. Über das Internet und in der zweimonatlich erscheinenden Zeitschrift Rómske listy boten sie dann seriöse Informationen über Fragen an, die mit den politischen, sozialen, juristischen, kulturellen Belangen der Roma zu tun hatten. Nicht wenigen Attakken gegen die Roma waren nämlich Sensationsmeldungen in Presse und Fernsehen vorangegangen. Journalisten, die oft gar nicht von rassistischen Ressentiments getrieben waren, sondern unter dem Druck standen, täglich mit sensationellen Bildern und aufregenden Stories aufzuwarten, hatten die Roma vor einigen Jahren als willfähriges Objekt ihrer Arbeit entdeckt. Ihre Berichte aus den Slums oder von spektakulären Autounfällen, Schlägereien, Kontroversen, in die einzelne Roma verwickelt waren, prägten und verformten das Bild, das sich die Slowaken von jenen Menschen machten, die sie täglich sahen und doch kaum kannten.

Krístina Magdolenová war überzeugt, daß nicht böse Absicht, sondern pures Unwissen dahintersteckte, wenn Journalisten über Roma so unsachlich berichteten und sie nur dann in den Medien präsentierten, wenn es irgendwo unliebsame Zwischenfälle gegeben hatte. Es mußten gar nicht immer Tote und Verletzte, wilde Polizeieinsätze oder Krawalle sein, die die Journalisten auf den Plan riefen.

Für lokale Medien genügte es, daß beispielsweise eine Schule wegen einer Grippeepidemie für eine Woche geschlossen werden mußte, und schon fiel ein Kamerateam über die Gemeinde her, schwärmte aus, um sich von den besorgten Eltern bestätigen zu lassen, daß es die Roma-Kinder waren, unter denen die Krankheit zuerst ausgebrochen war, und vom Kreisarzt, daß der hygienische Standard in der Zigeuner-Siedlung entsetzlich sei. Bei einer Kurzvisite in dieser Siedlung, von denen es in der Slowakei rund dreihundert gibt, die immer am Ausgang des Ortes, auf dem Gelände aufgelassener Fabriken oder auf moorigem, anders nicht zu nutzendem Gemeindeboden errichtet waren, ließen sich vielleicht noch ein paar eindrucksvolle Bilder des Elends und der Verkommenheit schießen, und abends konnte ein erschauerndes Fernsehpublikum dann sehen, wie gruselig sich auf dem Bildschirm seine Vorurteile als Tatsachenberichte machten.

Nicht nur in der Slowakei ist das Elend, in das eine Gruppe gedrückt wird, der stärkste Anreiz, sie zu hassen, der Anblick von Besiegten macht sogar den Angreifer nicht glücklich, sondern nötigt ihn, sich selbst als Angegriffenen zu empfinden, der sich endlich auch einmal wehren mußte. Wer Menschen immer nur in ihrem Elend zeigt, reduziert sie auf dieses, im besten Falle macht er aus ihnen ewige Opfer, die er nur als Opfer erträgt und denen er keine anderen Eigenschaften zubilligt als eben die, die sie zum Opfer prädestinieren. In solch überspanntem und zugleich wohlfeilem Mitgefühl ist die unterdrückte Aggression zumeist unverkennbar; und wie sie nur scheinbar aus Mitgefühl verbreitet werden, wecken Schreckensbilder zumeist auch bei denen, die sie sehen, kein Mitgefühl, sondern Angst. Der Schrecken, der über andere verhängt ist, beunruhigt uns, weil wir dumpf ahnen, die Elenden könnten sich aus ihrem Elend aufmachen und uns mit ihm infizieren.

Krístina Magdolenová sah es als ihre Aufgabe, dem dauernden Beschuß mit Sensationen, mit Schreckensbildern und Elendsgeschichten, unter dem die slowakische Bevölkerung stand, etwas entgegenzuhalten. Über die Roma sollte nicht dauernd nur berichtet werden, als würden sie allesamt arm, krank, unwissend sein. Kritische Berichte wären notwendig, die zeigten, wie sich Roma aus ihrer Armut herauszuarbeiten vermochten, daß bestimmte endemische Krankheiten besiegt werden konnten und Unwissenheit kein Schicksal war. In ihrer Zeitschrift berichtete sie daher nicht nur über Schulen, in denen Apartheid praktiziert, sondern auch über andere, in denen ein gemeinsamer Unterricht von Weißen und Schwarzen erfolgreich erprobt wurde. Sie geißelte nicht nur den alltäglichen Rassismus, sondern porträtierte auch den 40jährigen Daniel Pompa, der aus einer neunköpfigen Roma-Familie stammte und es als Urologe in der Klinik Kežmarok zur weitum geschätzten Kapazität gebracht hatte. Wie die Roma hielt sie auch die Weißen für fähig zu lernen, wenn sie nur die Chance erhielten, sich zu bilden und gegen die Übermacht der im Elend schwelgenden Bilder zu wehren. Da ich aus einem Land kam, in dem es der intellektuelle Brauch war, Kritik mit der Übertrumpfung des Negativen zu identifizieren und sich folglich die kritischen Köpfe in einem aufgeregten Wettkampf befanden, wem die Welt im allgemeinen und Österreich als deren verkommenster Teil im besonderen noch furchtbarer erschien, wunderte mich die Auffassung dieser Frau, Kritik würde bedeuten, die Dinge zu differenzieren und sie mitunter sogar weniger entsetzlich, also in meinem österreichischen Sinne weniger kritisch zu sehen.

Krístina Magdolenová war in meinem Alter, hatte rotbraune Haare, ein offenes, rundliches Gesicht und verband auf ungewöhnliche Weise intellektuelle Schärfe mit nachsichtiger Mütterlichkeit. Mit einem einzigen Satz zerlegte sie mitleidlos die Expertise, die ihr einer ihrer jungen Mitarbeiter gereicht hatte, während sie doch zugleich ihren Stolz auf ihn und die ganze Schar nicht verbarg. Sie war Lehrerin, Journalistin und Sozialwissenschaftlerin an der Universität gewesen und hatte die Agentur mit bescheidenen Mitteln aufgebaut, aus ihr eine einzigartige Instanz gemacht und wußte nun, da ihre Arbeit endlich Wirkung zu zeitigen begann, nicht mehr, wie sie die Mittel aufbringen sollte, sie fortzuführen. Hatte sie anfangs auch Gelder von der Europäischen Union erhalten, wurden ihr diese nun ohne weiteres Bedauern gestrichen, denn je näher der Beitritt der Slowakei zur Union rückte, umso rigoroser baute diese die Zusammenarbeit mit Vereinen und Organisationen ab, die unabhängig von der Regierung waren oder gar im Widerstreit mit deren Vorhaben agierten.

Krístina Magdolenová, der eine naturgegebene Unfähigkeit zu jammern eignete, schien nicht einmal mit dieser Entwicklung, die die Existenz ihrer Agentur bedrohte, zu hadern, daß man von den Regierenden, gleich wo sie regierten und über die Verteilung von Gütern und Geldern verfügten, nicht erwarten konnte, in seinem Tun gefördert zu werden, war ihr so selbstverständlich wie das andere: daß man trotzdem fortfahren mußte zu tun, was eben getan werden mußte. Sie deutete auf ihre Mitarbeiter, junge Frauen und Männer, Slowaken und Roma, die übers Netz mit den Datenbanken der Welt verbunden waren und doch nicht aus den Augen verloren, was in ihrer nächsten Umgebung geschah. Sie wußte nicht, wie es weiter gehen sollte, aber war sicher, daß es in der Slowakei immer junge Menschen geben werde, die sich mit der Apartheid in ihrer Nähe nicht abfinden wollten.

11

Ich näherte mich Prešov vom Süden, wo ich auf der Karte einen Ort mit dem Namen jener Stadt entdeckt hatte, in der ich aufgewachsen war. Solivar, erst 1970 in das wachsende Prešov eingemeindet, hatte seit dem 13. Jahrhundert unter seinem deutschen Namen Salzburg große Bedeutung für die ganze Region erlangt, weil aus seinen reichlichen Solequellen Salz gewonnen wurde. Jetzt war mein Solivar ein völlig strukturlos anmutender Vorort, in dem ich mich, obwohl er klein war, nur schwer zu orientieren vermochte. Ein Palais mitten im Ort war längst in das Stadium rettungslosen Verfalls übergegangen, zwischen alten Bürgerhäusern, die noch vom Selbstbewußtsein einer jahrhundertelang mit königlichen Privilegien ausgestatteten Industriegemeinde zeugten, waren in den letzten dreißig Jahren planlos hohe und niedere Bauwerke gesetzt worden. Irgendwo in diesem unansehnlichen Haufen von Häusern tat sich ein großer, hügelan gelegener Park auf, in dem ein paar Zehnjährige abwechselnd rauchten und Fußball spielten; und unvermittelt gingen die städtischen Straßen, von denen einige noch an die großzügigen Alleen erinnerten, die sie einmal gewesen sein mochten, in Wege über, die ins Gemüse der Kleingärtner führten. Eine Verlorenheit lag über dem Ort, die mich grübelnd in düstere Gedanken geraten ließ, wie es mir ergangen wäre, wenn ich in diesem, nicht in jenem anderen, weltberühmten Salzburg auf die Welt gekommen wäre.

Inmitten des abfallenden Parks mit seiner vom Schmelzwasser durchtränkten Wiese stand das flache, vieleckige Gebäude des Leopold-Schachtes, über den früher die Bergleute in die Tiefe gefahren waren, bis die Stollen vom Grundwasser geflutet wurden, ein Dutzend Bergleute ertrank und in Solivar eine andere, frühindustrielle Weise der Salzgewinnung entwickelt wurde. Ein paar hundert Meter von dieser Stelle entfernt, thronte auf einer Anhöhe die Klopferin, ein schmaler, holzverkleideter Turm, der früher die Bergleute zur Fahrt in den Schacht rief.

Ich war schon eine gute Stunde durch den Ort gegangen und hatte die im neuesten slowakischen Kunstführer abgebildete »Kammer« noch nicht gefunden, einen großen, barocken Bau mit später hinzugefügten klassizistischen Arkaden, der als Salzlager gedient hatte, als ich einen Mann, der mich schon länger beobachtete und nur darauf zu warten schien, daß er mir hilfreich beistehen konnte, endlich doch fragte, wo dieses stolzeste Bauwerk von Solivar in Gottesnamen zu finden sei. Er schaute nur kurz auf die Abbildung im Kunstführer, dann lachte er und erzählte mir von jener Nacht vor 24 Jahren, in der die Kammer abgebrannt und er selber Vater geworden war. Im Ort habe es lichterloh gebrannt und in Prešov seine Frau ihren einzigen Sohn zur Welt gebracht, was für eine Nacht!

Der Mann, der leicht gebeugt ging und in seinem Gang etwas Schlurfendes hatte, begleitete mich jetzt, erzählte mir allerlei, das ich nicht genau verstand, und machte mich darauf aufmerksam, daß wir in einem Viertel Solivars unterwegs waren, das Sváby hieß, weil hier früher nur Deutsche gelebt hatten. Die wären aber keine Zipser Deutschen gewesen, die vor allem in den Städten und Dörfern des nicht allzu fern gelegenen Landstrichs Spiš, der Zips, siedelten, sondern Schwaben, die erst Jahrhunderte nach den Zipsern hierher gezogen waren, genau genommen angeblich 48 Familien, die der habsburgische Kaiser Josef II. aus unerfindlichen Gründen ausgerechnet nach Solivar geschickt hatte.

Überall in der Slowakei war ich so wie auf dieses Sváby auf Weiler, Dörfer, Stadtviertel gestoßen, deren Namen von längst vergessenen Siedlern und von der Geschichte eines Landes kündeten, das sich seit jeher viele Völker teilten.

Nahe der polnischen Grenze, in einem ruthenischen Dorf mit einer schönen griechisch-katholischen Holzkirche, hatte ich mich plötzlich in einem Venécia befunden, in dem sich vor Jahrhunderten Glasbläser aus Venedig niedergelassen hatten; und auch in der Zips traf ich auf Spuren italienischer Zuwanderer, die diese in Ortsnamen hinterlassen hatten, die den Zusatz »vlachy« trugen, was an die »Walachen« oder die »Walschen« gemahnte, als diese längst weitergezogen oder in den schon vor ihnen hier ansässigen Slowaken, Ungarn, Deutschen aufgegangen waren. Als würde er sich ein wenig schämen, daß er mir gar so gerne Auskunft erteilte, gestand der Mann, daß Lokalhistorie nun einmal sein Steckenpferd war. Wir erreichten sein Haus, häßlich wie die anderen, dessen mächtiges, eisernes Gartentor so elegant gearbeitet war, daß es einst ein ungleich schöneres Anwesen begrenzt haben mußte.

Als ich dem Gebeugten dankend die Hand schüttelte, um mich zu verabschieden, trat ein freundliches Monster aus dem Haus, ein junger Mann, wie geschaffen, in einem Historienfilm nach amerikanischer Art die Rolle des Spartacus zu übernehmen; solche Ungetüme von Söhnen kommen nur in besonderen Nächten zur Welt. Die gebeugte Gestalt des Vaters war bei Pavol ins Riesenhafte gesteigert, und die Freundlichkeit, die sich beim Vater erst gegen die Schüchternheit durchsetzen mußte, war beim Sohn ins gutmütig Polternde gewachsen. Pavol ließ es sich nicht nehmen, mich mit dem Auto die vier Kilometer ins Zentrum von Prešov zu fahren. Er fragte mich, in perfektem Englisch, über das Leben in Europa aus, wie er das nannte, was westlich der Slowakei lag, und wunderte sich, warum so wenige Europäer nach Prešov kamen, daß er jetzt wirklich das erste Mal Gelegenheit hatte, einen von ihnen zu chauffieren.

12

Prešov ist eine Stadt von 100 000 Einwohnern, und ehe mich Pavol bei der Fußgängerzone absetzte, fuhren wir durch die ausfransenden Ränder der Industriezone. Ich stieg am unteren Ende eines riesigen Platzes aus, der, wie der Hlavné námestie in Košice, eigentlich aus zwei Straßen und einer sich langsam immer weiter öffnenden Fläche dazwischen bestand. Keine fünfzig Meter vor mir erhob sich eine Kirche, die der Front zweier imposanter Gebäude eingegliedert war, dem Bischofspalast und der theologischen Fakultät, wie ich später erfuhr.

Als ich am Eingangstor vorbeiging, fiel mir die eigentümliche Stille auf, die aus der Kirche nach draußen drang. Es war jene Stille, die man hören kann und die sich nur einstellt, wenn eine große Anzahl von Menschen zusammensteht und in ein gemeinsames Schweigen versunken ist, nicht die Stille abwesender, sondern die hörbare, belebte Stille anwesender Menschen. Es war Freitag nachmittag im April, zwei Tage vor Palmsonntag. Ich öffnete das Tor und fand mich im Vorraum der Kirche sogleich inmitten von vielleicht sechzig dicht gedrängten Gläubigen. Links und rechts im Vorraum standen zwei Beichtstühle, und die Leute, alte Weiblein und junge Burschen, gestrenge Herren, die im Berufsleben gewiß etwas Besonderes vorstellten, und junge, modisch gekleidete Frauen, wie man sie sonst im Café nervös an ihren Zigaretten ziehen oder mit dem Mobiltelefon hantieren sah, warteten darauf, daß ihnen die Beichte abgenommen wurde.

Prešov ist stets die Stadt mehrerer Völker gewesen und

war jetzt noch die Stadt mehrerer, wiewohl anderer Völker. Nachdem zuerst die Ungarn, die die Stadt Epuryes, und später die Deutschen, die sie Eperies nannten, die Mehrheit gestellt hatten, waren bis zum Ende des 18. Jahrhunderts aus den Dörfern ringsum so viele Slowaken zugezogen, daß aus Epuryes und Eperies das slowakische Prešov wurde. Ich aber war in die alte Kirche des heiligen Johannes des Täufers geraten, die seit über hundert Jahren als Kathedrale für die Gläubigen der griechisch-unierten Kirche diente und folglich vor allem von Ruthenen frequentiert wurde. Die Volkszählung aus dem Jahr 2001 hatte ergeben, daß im Bezirk Prešov nach den Slowaken die Roma und die Ruthenen die größten Bevölkerungsgruppen stellten. So wenig die Slowaken ihre Roma kannten, deren größte Organisationen hier ihren Sitz hatten, so wenig wußten sie von den Ruthenen, die im übrigen vollständig in die Gesellschaft integriert waren und über keinerlei Benachteiligung klagen mußten. Die einen Slowaken, die ich fragte, hielten die Ruthenen für hierher verschlagene Russen, ein Irrtum, zu dem sie auch dadurch verführt wurden, daß die Volksgruppe da und dort als »Russinen« bezeichnet wurde, die anderen glaubten, daß es die auf dem Staatsgebiet der Slowakei lebenden Ukrainer waren, die sich selbst als Ruthenen bezeichneten. Ich hatte es mir schon lange abgewöhnt, mich darüber zu wundern, wie wenig Nationalitäten, die so nahe beisammen leben, ja durch Heiraten abertausendfach verbunden sind, voneinander wissen; was ja nichts anderes bedeutet, als daß die Leute wenig von sich selber wissen. Daß die Österreicher keine Ahnung von den österreichischen Slowenen oder Kroaten, nichts von den Slowaken in Wien oder den Ungarn und Roma im Burgenland haben – an diese Unwissenheit war ich gewohnt. Hier, in der Slowakei, einem Staat, der seinen Bürgern immerhin das Bekenntnis zu fünfzehn verschiedenen Nationalitäten gewährte, fiel sie mir wieder auf und störte mich von neuem.

Die Ruthenen, sprachlich den Ukrainern verwandt, sind eine ostslawische Ethnie, von der manche ihrer Herolde behaupten, sie zähle heute fast zwei Millionen Menschen. Rund 800 000 von ihnen leben in einem Verwaltungsbezirk der Ukraine, der offiziell Karpato-Ukraine heißt, mit Užgorod eine echte Metropole hat, gleich hinter der slowakischen Grenze beginnt und bis an den von so vielen altösterreichischen, namentlich jüdischen Dichtern besungenen Fluß Pruth reicht. Bis 1918 hatten alle Ruthenen demselben Staat, der habsburgischen Monarchie, zugehört. Seither sind sie von der Geschichte, in der sie zumeist nur ein Spielball waren, in wechselnde staatliche Zugehörigkeiten gezwängt worden. Außer in der Slowakei finden sich heute in Polen, Ungarn, Rumänien und der serbischen Vojvodina zahlreiche ruthenische Gemeinden, nicht zu reden von den USA, wo in der Diaspora das Ruthenentum seit gut zehn Jahren eine unvorhersehbare und fragwürdige Renaissance erlebt. Über das Internet suchen Abertausende Amerikaner ihre Wurzeln als »Carpatho-Rusyns« aufzuspüren, und die genealogischen Listen, die auf ihren Web-Seiten erstellt werden, haben schon ganze Landstriche, aus denen ihre Vorfahren ausgewandert sind, virtuell neu besiedelt.

Die Ruthenen sind mehrheitlich Angehörige der griechisch-unierten Kirche. Überall im Osten Europas, wo der Katholizismus auf die Konkurrenz der Orthodoxie stieß, hat die sonst so gestrenge Obrigkeit im fernen Vatikan religiöse Formen geduldet und Institutionen gebildet, die eine in vielem der Orthodoxie verwandte Religiosität unter dem Dach der katholischen Kirche halten sollten. Der griechisch-unierte oder griechisch-katholische Ritus ist dem der Orthodoxie eng verwandt, aber eben doch auf die katholische Mutterkirche bezogen; die griechisch-katholischen Geistlichen sind Popen, die heiraten dürfen und den Papst gleichwohl als Oberhaupt anerkennen.

Die Beichte, sah ich, war hier nicht der intime Akt, als der er bei uns gepflegt wird und selbst von der weltlichen Macht respektiert zu werden hat, sondern eine halb öffentliche Angelegenheit. Der Pope zwar war im Beichtstuhl verborgen, die Sünder aber knieten außerhalb von diesem und blieben, während sie ihre Verfehlungen durch das hölzerne Gitter dem unsichtbaren Priester einbekannten, der Gemeinde stets sichtbar. Wohl auch hörbar, denn die Schlange der Wartenden rückte dicht hinter dem Beichtenden auf, und in der Stille war ein leises Murmeln zu vernehmen, das von den beiden Beichtstühlen kam. Vom linken Beichtstuhl erhob sich eine alte Frau, ärmlich gekleidet, eine Einkaufstasche um den Arm gehängt, die Hände gefaltet, und begann, sich entfernend, sogleich die zur Buße aufgegebenen Gebete zu leiern. Eine junge Frau mit hochhackigen Schuhen, in enge Jeans gezwängt, geschminkt, als wäre sie auf dem Weg in die Disco, wollte sich eben auf den frei gewordenen Platz beim Beichtstuhl niederknien, als sich dessen Tür öffnete. Ein Milchgesicht erschien, von rotem lockigen Haar und einem kräftigen rötlichen Bart eingerahmt, und heraus trat, mit lässiger Gebärde auf den Beichtstuhl an der anderen Seite deutend, ein stattlicher Pope von nicht mehr als 25 Jahren, ruhend im ungeheuren Selbstbewußtsein seines Standes, nicht allein ein Geistlicher, sondern zugleich ein junger Mann, der sich seiner erotischen Ausstrahlung völlig bewußt war, ja diese als Teil seiner religiösen Sendung zu begreifen schien. Die maskuline Kraft, die in der orthodoxen Kirche die Liturgie bis hin zu den dröhnenden Baßgesängen bestimmt, in diesem Jüngling, der mit der Linken in den Beichtstuhl zurücklangte, einen todschicken Rucksack herausholte und sich ihn über die Schulter warf, in diesem jungen Mann, der jetzt selbstherrlich durch den sich vor ihm teilenden Pulk der Gläubigen trat und die Kirche in seinem wallenden Gewand verließ, war der ganze Eros der Orthodoxie konzentriert, deren Popen keine den körperlichen Begierden entrückten Geistlichen sind, aber auch keine dickleibigen Pfaffen, die ihre Sinne mittels gewohnheitsmäßiger Völlerei betäuben, sondern –: die wahren, an ihrem religiösen Auftrag und ihrer Rolle nicht zweifelnden Männer. Ich konnte nicht anders, als die junge Frau, die von dem etwa gleichaltrigen Popen verächtlich an den anderen Beichtstuhl verwiesen worden war, anzustarren. Sie mußte doch gekränkt sein, sich zurückgestoßen fühlen, und tatsächlich biß sie sich, mehr beschämt, wie mir schien, als verärgert, auf die grell geschminkten Lippen.

Ich merkte erstaunt, daß ich von einem eigenartigen

Grimm erfaßt wurde, der mich hoffen ließ, sie würde die Kirche unverzüglich verlassen, um niemals wieder zur Beichte zurückzukehren, und ich konnte mir den befremdlichen Mißmut, der mich gegen die griechisch-katholische Kirche mitsamt ihrem Kult der Männlichkeit ergriff, nur damit erklären, daß ich offenbar zum ersten Mal in meinem Leben so etwas wie Eifersucht auf einen Priester, auf diesen rothaarigen Dandy empfand, der, obwohl er noch nicht ganz trocken hinter den Ohren war, sich für die Sünden junger Frauen überhaupt nicht zu interessieren schien und selbst von alten Leuten, die seine Großeltern sein konnten, als Vater angesprochen wurde.

13

Imrich Konya war einer jener abgeklärten alten Herren, wie ich ihnen im Osten und Süden Europas öfter begegnete, ein nobler, gebildeter Mann, von der Aura gelassener Vergeblichkeit umgeben, der mit feiner Ironie resümierte, was vorgefallen war, und ohne Verbitterung in eine Zukunft blickte, die es nicht mehr geben würde. Er erinnerte mich an den gelehrten und eleganten Don Trupo im kalabresischen Civitá, der die Messe auf albanisch nur mehr für eine Handvoll alter Frauen las, weil die albanische Volksgruppe Süditaliens zerfiel; an die Greise im mazedonischen Bitola, die im Sonntagsanzug antraten, um mich über die Besonderheiten der aromunischen Architektur zu unterrichten, die es doch kaum mehr gab; und an Moshe Albahari, der im verrauchten Vestibül der jüdischen Gemeinde von Sarajevo darauf wartete, daß er jemandem die Geschichte der Sepharden erzählen konnte und der immer mit der Feststellung schloß, daß die Zukunft dieser Geschichte der Friedhof sei …

Der erste Jude von Prešov hieß Marcus oder Marek Holländer und erlangte um 1783 das Bürgerrecht der Stadt; Imrich Konya ist einer der letzten Juden von Prešov und hält die Führungen durch die Synagoge, in der auch ein kleines Museum untergebracht ist.

Ich hatte mir für Prešov nur zwei Tage vorgenommen und vorgehabt, möglichst rasch zu einer der Roma-Organisationen Kontakt aufzunehmen, um mir Rat zu holen, wie ich am besten in die umliegenden Roma-Gemeinden gelangte. In Prešov, der Stadt vieler Völker, gibt es kaum noch Deutsche und Ungarn. Aber nirgendwo in der Slowakei gibt es mehr Roma-Vereine als hier, und an der Universität, die eine ehrwürdige, auf das Evangelische Kollegium am Hauptplatz zurückgehende Tradition hat, wird an einem eigenen Lehrstuhl ruthenische Kultur, Sprache und Geschichte erforscht und unterrichtet. Prešov hatte einmal aber auch eine der größten jüdischen Gemeinden der Slowakei gehabt, und das, obwohl es den Juden nicht vor dem Ende des 18. Jahrhunderts zugestanden wurde, sich in der Stadt anzusiedeln. Noch eine Anordnung der frommen Maria-Theresia verbot ihnen, sich länger als drei Tage in der Stadt aufzuhalten, und erst unter ihrem Sohn Josef II. gelang es jenem Marcus Holländer, einem Händler aus dem galizischen Tarnopol, sich in Prešov dauerhaft niederzulassen. 150 Jahre blieben der jüdischen Gemeinde, um sich zu entfalten und das

Ihre beizutragen, daß die Stadt, die mit dem Niedergang des mittelalterlichen Zunft- und Gildenwesens auch seine frühere Bedeutung verloren hatte, zu einer neuen Blüte gelange. Dann, zwischen März und Oktober 1942, wurden mehr als 6000 Juden aus Prešov in die Vernichtungslager deportiert.

Am oberen Ende des Hauptplatzes war ich ziellos in eine Seitenstraße nach links abgebogen und nach wenigen Metern in einer Art von Hof gestanden. Die hintere Front wurde von einer gelb gestrichenen, imposanten Synagoge gebildet, und auf einem Rasenfleck davor stand ein Mahnmal, dessen Inschrift ich noch nicht entziffert hatte, da war schon lautlos ein älterer Herr zu mir getreten, der einen Riesenschlüssel in der Hand hielt und fragte, ob ich Synagoge und Museum besichtigen wolle. Er deutete auf die anderen Gebäude des Hofes und erklärte mir auf deutsch, daß das leuchtend rote Haus, in dem eine Versicherung untergebracht war, früher die Synagoge der Aschkenazim gewesen sei; in dem ebenerdigen Gebäude, das sich daran anschloß und wie eine Werkstatt wirkte, hatten die vier koscheren Fleischer von Prešov ihre Läden gehabt, das Haus gegenüber, in dem jetzt eine Computerfirma ihr Büro hatte, war als jüdische Schule erbaut worden, und daneben hatte der Rabbiner gewohnt. Der vielleicht 70jährige Mann gab sich Mühe, grammatikalische Fehler, die ihm beim Reden unterliefen, von sich aus zu korrigieren, und ich fragte ihn, woher er so gut Deutsch konnte. »Ach«, sagte er und machte mit der Hand eine abwiegelnde Geste, »das ist eine lange, eine zu lange Geschichte.« Er schien offenbar überzeugt, daß er einem Fremden meines Alters diese Geschichte nicht werde erklären können.

Um 1900 wurde in Prešov in fünf Synagogen gebetet, eine davon, vor der wir standen, die einzige, in der sich am Sabbath jetzt noch eine kleine Gruppe von Gläubigen traf, hatte der orthodoxen Gemeinde gehört. Sie war 1888 in maurischem Stil errichtet und vor wenigen Jahren liebevoll restauriert worden. Es war die blaue Farbe, die den großen, hohen Raum atmosphärisch bestimmte, ein Blau, das von einem dunklen Ton, mit dem die Decke ausgemalt war, zu verschiedenen helleren Tönen der feinen ornamentalen Muster abgestuft war. Wir befanden uns auf der Empore und blickten über die Halle, in der Bänke für mindestens hundert Menschen aufgestellt waren. Es kamen aber so wenige, daß es sich immer nur gerade ausging, den Sabbath gemäß den Vorschriften zu feiern. Wie viele Juden heute in Prešov lebten? Imrich Konya zuckte mit den Achseln, wer weiß, vielleicht zwanzig, vielleicht achtzig. Aber, fügte er erleichtert hinzu, das Museum, das würden im Jahr fast 2000 Leute besuchen, aus aller Welt, sogar aus Amerika. 1989 waren allerdings Amerikaner da gewesen, mit denen er geringe Freude hatte. Die nahmen die Synagoge in genauen Augenschein und unterbreiteten der darbenden, überalteten Gemeinde ein Angebot. Das Pacific Jewish Center plante, die Synagoge Stein für Stein abzutragen und mitsamt ihrem ganzen Mobiliar nach Los Angeles zu überführen, wo sie Stein um Stein wieder aufgebaut und originalgetreu eingerichtet werden sollte. Es gab damals Leute, die das für richtig hielten, denn die jüdische Gemeinde hatte sich nach der Schoa niemals wieder erholt, und die meisten Juden, die überlebt hatten, waren in den Jahren danach ohnehin in die USA oder nach Israel ausgewandert. Schließlich setzten sich doch jene durch, die es nicht dulden wollten, daß man ein Gotteshaus einfach verkaufte und zusah, wie es für den Transport übers Meer verpackt wurde.

Vermutlich weil ich mich durch manchen Einwurf als lernfähig und erziehungswürdig erwiesen hatte, antwortete Imrich Konya unvermittelt auf eine Frage, die ich ihm vor einer Stunde gestellt hatte: »Wissen Sie, Jiddisch ist nicht so weit weg von der deutschen Sprache.« Weil ich das wußte und mich zudem verwundert zeigte, daß ein heute 70jähriger in der Slowakei noch mit der jiddischen Sprache aufgewachsen sein sollte, fügte er sich anerkennend in sein Schicksal, sammelte ein wenig Kraft und ... was folgte, war ein gelehrter Vortrag.

Viele Juden waren vor zwei, drei Jahrhunderten aus Galizien hierher zugewandert. Weil deren Vorfahren sich wiederum noch ein paar Generationen vorher aus Deutschland in den Osten geflüchtet hatten, sprachen sie Jiddisch, eine Sprache, die bekanntlich als deutsche Mundart entstand, sich aber im slawischen Umfeld zu einer eigenen Mischsprache entwickelte. Während des 19. Jahrhunderts hatten sich zwar die aufgeklärten, gebildeten Juden der Gegend weitgehend magyarisiert, sie verstanden sich als Ungarn, sprachen Ungarisch und unterstützten während der Revolution von 1848 auch den ungarischen Kampf um Unabhängigkeit. So diente Leo Holländer, der Sohn des ersten Juden von Prešov, der Revolutionsarmee als Major, und der legendäre Rabbiner Dr. Schiller-Szinessy hatte sich so vehement für die Revolution und die Ausrufung der Republik eingesetzt, daß er danach von den Habsburgern gar zum Tode verurteilt wurde. Aber es gab eben nicht nur gebildete und wohlhabende Juden in der Slowakei, die Mehrzahl von ihnen lebte ärmlich und ungebildet auf dem Lande; gerade bei diesen überlebte das Jiddische.

– Und was ist aus dem Rabbiner geworden?

– Der ist geflohen, nach England. Er war ein Genie.

– Schiller und Szinessy, sind das nicht eigenartige Namen für einen slowakischen Rabbi?

– Nein, überhaupt nicht, der war eben ein halber Deutscher und ein halber Ungar. Das war nichts Besonderes. Das Besondere an ihm war etwas ganz anderes. Er war nämlich der erste Rabbi, der hier gelebt hat. Und der erste Jude von Prešov, der ins Exil mußte. Gleich der erste Rabbi mußte Prešov schon wieder verlassen.

– Aber nicht weil er ein Jude war!

– Nein, weil er für die Freiheit war.

– Und in England, was hat er dort gemacht?

– Wissen Sie, er war nicht nur der erste Rabbi von Prešov und der erste Jude, der ins Exil mußte, sondern auch der erste Jude, der in Cambridge Universitätsprofessor wurde. Ich mag wirklich nicht, daß ich Ihnen als Hochstapler in Erinnerung bleibe. Aber es ist eben so, daß der erste jüdische Professor von Cambridge ein zum Tod verurteilter Rabbi aus Prešov war, und bloß weil es so ist, möchte ich auch nicht lügen müssen.

14

Michal und Ján waren erstens Amerikaner, zweitens Europäer und drittens Slowaken. Andrejko war erstens Amerikaner, zweitens Ruthene, drittens Slowake und viertens Europäer. Ich traf sie in dem Restaurant Fontana in Prešov. Da ich es aufgegeben hatte, in der Slowakei nach slowakischem Essen zu suchen, ging ich gleich in ein Gasthaus mit italienischem Namen, weil ich hoffte, dort die italienischen Gerichte, die überall angeboten wurden, von fachkundiger Hand zubereitet zu finden. Das Fontana lag im ersten Stock eines Hauses am Marktplatz, war in einem Stil eingerichtet, den man vielleicht neo-italienisch nennen sollte, und hatte seltsamerweise auf der Speisekarte außer gezählten Standardgerichten der italienischen Küche vorwiegend slowakische Spezialitäten. Am Nebentisch saßen drei Studenten, die selber Spaghetti aßen, aber begeistert waren, mir erklären zu können, worum es sich bei den einzelnen slowakischen Speisen handelte. Ich entschied mich des Namens wegen für Domácastnica kapustnica s kolbáson a undeným másom und hatte die Jugend der Slowakei erobert, als ich es nach einigem Bemühen auswendig hersagen konnte. Es handelte sich um eine Krautsuppe nach Art des Hauses, in die eine mehr fette als scharfe Wurst und Stücke geräucherten Fleisches gewürfelt waren. Sie schmeckte ausgezeichnet und für Leute, die über das Studentenalter hinaus waren, ziemlich ungesund.

Die drei studierten in Bratislava und waren über die Osterferien heimgefahren. Sie wohnten in Svídnik, einer

Stadt, die etwa sechzig Kilometer in nordöstlicher Richtung lag, und hatten in Prešov eine Schulfreundin besucht, die an der hiesigen Universität studierte. Gemeinsam flogen sie jedes Jahr für zehn Wochen in die USA, wo sie in Fastfood-Restaurants, Motels oder an Tankstellen im mittleren Westen arbeiteten und dabei, obwohl der Lohn für amerikanische Verhältnisse niedrig war, so viel verdienten, daß sie es sich das ganze Jahr über in Bratislava gutgehen lassen konnten. In den USA, erzählten sie, würde eine ganze Kolonie slowakischer Studenten so wie sie den Sommer verbringen, dabei Englisch lernen, vom Land etwas sehen und einen Haufen Geld verdienen. Alles an Amerika gefiel ihnen, nur mit den Amerikanerinnen war nichts los. Keiner von ihnen hatte es zu einer amerikanischen Freundin gebracht, und das war nach drei Sommern schon ziemlich beschämend. Ich sah mir die Burschen an und versuchte mir vorzustellen, ob sie mir, wenn ich eine Amerikanerin ihres Alters wäre, wohl gefallen würden; aber bei der Vorstellung kam ich nicht recht weiter, vermutlich weil es zu schwierig war, mir gleich einen dreifachen Wechsel – der Kultur, des Alters und des Geschlechts – zuzumuten. Sie sahen aus, wie Jugendliche mittlerweile überall in Europa aussahen und hätten genausogut in Bergamo, Hannover oder Hilversum leben können. Sie lebten aber in der Slowakei und fanden, daß in Amerika alles besser war, bis auf die Städte, die waren in der Slowakei schöner, und die Mädchen natürlich, die waren in der Slowakei nicht so prüde.

Die Europäische Union hielten sie für fast so gut wie die Vereinigten Staaten, und da sie näher lag und es für die Slowakei leichter war, sechzehntes Mitglied der Europäischen Union als 51. Bundesstaat der USA zu werden, hatten sie beschlossen, mit Leidenschaft europäisch zu empfinden. Sie sprachen ein hervorragendes Amerikanisch und Deutsch so gut wie ich Englisch. Mir war völlig klar, daß mir mit diesen aufgeweckten, ehrgeizigen, sprachlich versierten, neugierigen jungen Slowaken die Zukunft Europas gegenüber saß. Sie werden es sein, mit ihrer Fähigkeit, sich Neues anzueignen, und ihrem Wunsch, es in Europa zu etwas zu bringen, die die Geschicke des Kontinents in den nächsten fünfzig Jahren prägen. Gegen die Slowakei hegten sie kein Ressentiment der Herkunft, nur war sie eben nicht in der Lage, sich von selber aus der wirtschaftlichen Krise und der gesellschaftlichen Rückständigkeit heraus zu arbeiten. Sie sehnten sich nach dem großen Europa, nicht weil sie ihren Kleinstaat haßten, sondern weil sie ihn mochten und hofften, es würde mit ihm, sobald er erst der Union angehöre, viel besser gehen.

Mir war aufgefallen, daß Michal und Ján den dritten von ihnen zu provozieren versuchten. Andrejko studierte Internationales Recht und war, so wie sie, begeisterter Amerikaner. Für einen Ruthenen war das selbstverständlich, nicht nur weil die meisten Ruthenen in den USA lebten und der berühmteste Ruthene, Andy Warhol, ja Amerikaner gewesen ist, sondern auch weil die Ruthenen immer mit vielen anderen Nationalitäten zusammengelebt hatten und ihnen die USA daher als vorbildliches Land galten. Natürlich war Andrejko nicht nur Ruthene, sondern auch Slowake, und er sprach von seinem Land womöglich sogar nachsichtiger als seine Freunde. Daß er, anders als sie, leider kein begeisterter Europäer sein konnte, schien ihn zu schmerzen. Wie er sich als Slowake freute, daß sein Land bald der Europäischen Union angehören werde, mußte er sich als Ruthene vor diesem Tag fürchten.

Nachdem die k. u. k. Monarchie zerfallen war, verfügte die erste tschechoslowakische Republik über eine östliche Provinz, die von Prag unendlich weit entfernt war und Karpato-Ukraine hieß. In dem waldreichen abgelegenen Gebirgsland lebten Juden, Roma, Ruthenen und eine Vielzahl anderer Völkerschaften. Als die Tschechoslowakei 1938/39 von den Nationalsozialisten zerschlagen wurde, erhielt die Karpato-Ukraine für sechs Monate eine prekäre Autonomie, dann fiel sie an Ungarn, das schon 1918 Anspruch auf das riesige Gebiet erhoben hatte; während des Zweiten Weltkrieges kam es hier zum organisierten Völkermord an Juden und Roma. Danach fiel die ganze Region, bis auf einen schmalen Streifen, der der tschechoslowakischen Volksrepublik zugeschlagen wurde, an die Sowjetunion. Die meisten Ruthenen waren nun Bürger der Ukrainischen Sozialistischen Sowjetrepublik, die sie flugs zu Ukrainern erklärte und ihre griechisch-katholischen Kirchen dem orthodoxen Patriarchen von Kiew unterstellte.

Erst 1989, als der reale Sozialismus in Moskau und Kiew wie in Prag und Bratislava in sich zusammenstürzte, konnten sich die 800 000 Ruthenen in der Ukraine wieder in Kulturvereinen organisieren und in Verbindung zu den Ruthenen der Slowakei treten. Einen eigenen Staat strebten die einen wie die anderen nicht an, aber daß man vom slowakischen Prešov wieder ohne Schwierigkeiten ins ukrainische Užgorod fahren konnte, daß es Volkstanzgruppen aus beiden Staaten möglich war, sich die alten Tänze vorzuführen, und jungen Lyrikern, sich subversive Verse vorzulesen, das war ein Recht, das sie zurückgewonnen hatten und sich nie mehr wieder rauben lassen wollten. Es kam aber anders. Kaum war die Grenze für ein paar Jahre durchlässig geworden, drohte sie die nächste Generation schon wieder zu trennen. Indem die Slowakei den Beitritt zur Europäischen Union anstrebte, hat sie sich nämlich zur Ukraine eine Außengrenze der Union eingehandelt. Und daß diese Grenze unüberwindlich werde für all die Hungerleider aus dem riesigen Einzugsbereich der Ukraine, der bis in den Fernen Osten reicht, dafür hat die Slowakei der Union gegenüber einzustehen.

Andrejko wirkte geradezu verlegen, als er mir das alles erklärte. Er wäre zu gerne vorbehaltlos ein leidenschaftlicher Europäer wie seine beiden Gefährten gewesen, aber für die Ruthenen verhieß die Europäische Union nicht nur, daß Grenzen fallen, sondern auch, daß eine neue, sie existentiell gefährdende wieder errichtet wurde. Die Slowaken wurden um Europa reicher, die Ruthenen um die Ukraine ärmer. Andrejko war beides, und die Grenze Europas schnitt durch sein Herz.

15

Was das Häßliche an Svídnik war, konnte ich anfangs gar nicht sagen. Ob meine drei Reiseführer überhaupt merkten, in welch häßlichen Ort sie mich gebracht hatten? Als sie vorschlugen, mir die Stadt zu zeigen, aus der sie kamen und in der sie in den Ferien, soferne sie nicht in den USA schufteten, bei der Familie faulenzten, mußten sie mich nicht lange überreden. Die Fahrt führte auf einer großzügigen, wenig befahrenen Schnellstraße übers Land. Als gälte es, den Osterputz aus den Häusern auf Wiesen und Felder hinaus zu verlegen, waren überall Landarbeiter damit beschäftigt, Reisig zusammenzukehren, auf Stöße zu schlichten und abzubrennen. Die auf dem Feld arbeiteten, mit Besen, Hacken, Schaufeln, Rechen bewehrt, waren ausnahmslos Roma. In den Dörfern, durch die wir kamen, waren viele von ihnen auf der Straße unterwegs, sie standen aber nicht, wie ich es anderswo in der Slowakei so oft gesehen hatte, nur herum, sondern strebten alle irgendwelchen Zielen zu. Wir waren jetzt schon näher der polnischen Grenze im Norden als der ungarischen im Süden und nicht mehr allzu weit von der ukrainischen im Osten entfernt. In Giraltovce, einer Kleinstadt, rund zwanzig Kilometer vor Svídnik, sah ich zum ersten Mal, seitdem ich in der Slowakei war, einen Schwarzen und einen Weißen, einen Rom und einen Gadsche, auf der Straße miteinander reden und lachen.

Ja, sagten meine Freunde, die meiner Miene immer abzulesen suchten, was ich dachte und was mir in ihrem Land gerade aufgefallen war, da heroben wären die Roma wirklich gut in die Gesellschaft integriert. Viele von ihnen arbeiteten in der Landwirtschaft, und die Roma-Siedlungen am Ende der Dörfer, durch die wir kamen, sahen besser aus als jene, wie ich sie von der Zips und den Regionen um Košice und Prešov kannte. Ich dachte mir, daß die Roma hier offenbar Arbeit in der Landwirtschaft fanden und sie deswegen besser angesehen waren als anderswo. Meine Freunde widersprachen und behaupteten, daß es genau umgekehrt war. Die Roma würden deswegen Arbeit haben, weil sie hier eben fleißiger waren als anderswo. Denn die Roma, die hier lebten, waren Nachfahren der guten alten Zigeuner. Von denen hatte ich schon manches Mal zu hören bekommen, und viele Leute, die über die kriminellen, verkommenen Roma schimpften, lobten die braven, bescheidenen Zigeuner von einst. Sie sagten zwar selbst, daß die einen früher als Wanderarbeiter im ganzen Land gebraucht wurden und die anderen heute arbeitslos in Slums lebten, aber daß dies mit der Ökonomie des Landes und nicht mit der Psychologie der Roma zu tun hatte, das blieb den meisten, die mir so berichteten, völlig unbegreiflich. Nein, es war eine Frage des Charakters, nicht der Ökonomie, und auch meine drei Freunde waren überzeugt, daß es von den Roma selbst abhing, ob sie akzeptiert, geduldet, abgelehnt oder verfolgt wurden; und die Roma hier, im Nordwesten des Landes, wären eben ganz anders als die im Süden oder in der Zips.

Ich erinnerte mich an die Reise in die Zips, die ich ein Jahr zuvor unternommen hatte. Eigentlich hatte ich nach den Zipser Deutschen schauen wollen, von denen sich bei der Volkszählung von 2001 noch mehr als 5000 zu dieser

Volksgruppe bekannten, die 800 Jahre lang der Region einigen Wohlstand und den feudalen Herren aus Österreich und Ungarn erstaunliche bürgerliche Rechte und Freiheiten abzugewinnen verstand. Die meisten Städte, die einst von den Zipsern gegründet wurden, waren heute zweigeteilt. Im einen Teil, adrett gehalten, lebten Slowaken und inmitten von diesen noch einige Zipser Deutsche, die die Mundart der Vorväter nur mehr gebrochen sprachen, und im anderen, der wie aus dem Müll zu wachsen schien, ausschließlich Roma. Die sozialistische Staatsmacht hatte versucht, überall dort, wo die Deutschen 1945 vertrieben worden waren, Roma anzusiedeln. Die Zipser, die der Vertreibung entgingen oder nach ein paar Jahren aus den sibirischen Bergwerken und den slowakischen Arbeitslagern zurückkehrten, haßten die Roma dafür. Sie wußten, daß diese nicht freiwillig in die Zipser Ansiedelungen eingedrungen waren; aber zum Unterschied von den Slowaken, die sich in den deutschen Dörfern einrichteten, wußten die Roma mit dem Reichtum, den sie vorfanden, nichts anzufangen. Die uralten, reich mit Schnitzereien verzierten Häuser ruinierten sie binnen wenigen Jahren, und die Äcker ließen sie verdorren ...

Von alten Ansichtskarten wußte ich, wie die Zipser Dörfer früher ausgesehen hatten; es ähnelte kaum mehr dem, was aus ihnen geworden war. Alle diese Orte waren jetzt von einer imaginären und zugleich höchst realen Grenze zerschnitten. Im einen Teil wurde geputzt und unermüdlich gewerkt, im anderen, der ab einer beliebigen Hausnummer begann, hatten die alten Häuser keine Türen mehr, die Dächer waren eingebrochen, die Gärten glichen Müllhalden und die biedere Gemeinde war von einem Haus zum anderen in einen Slum gekippt. Die Slowaken und Zipser säuberten umso fanatischer ihre Vorgärten, je achtloser sie dreißig, fünfzig Meter weiter die Roma verfallen ließen.

Damals, als ich die Zips von Nord bis Süd durchquerte, die alten Ansichten in der Hand, die neuen vor Augen, begriff ich, wie schwierig das Zusammenleben von Roma und Nicht-Roma und wie billig es war, mit den einen gegen die anderen oder umgekehrt zu sympathisieren. In Salzburg ging mir schon der Yuppie aus dem Haus gegenüber auf die Nerven, weil er, wenn er auf seine Freundin wartete, zehn Minuten den Motor seines Cabrios laufen und dazu aus den Boxen Technomusik dröhnen ließ. Hier war ich nahe daran, die Slowaken, Ungarn, Zipser dafür zu verachten, daß sie die Roma verachteten, von denen ihnen doch ganz anderes zugemutet wurde als mir von meinem Yuppie, der nicht viel Schlimmeres tat, als seine Dummheit in Wohlstand zu genießen. Die Roma hingegen lärmten von früh bis spät in der Nacht, scherten sich nicht um die Berge von Müll, die sie täglich vergrößerten, und brachten den Orten, in denen sie zur Seßhaftigkeit genötigt wurden, nicht die geringste pflegende Zuneigung entgegen.

Sie lebten anders als die Slowaken, mit denen sie, vollkommen getrennt, dieselben Dörfer bewohnten. Sie lebten anders, unmöglich zu entscheiden, wieviel an diesem Anderem ihrem eigenen Wunsch entsprach und wie vieles durch Not und Entrechtung zu ihrer vermeintlich angestammten Lebensweise geworden war. Vielenorts weigerten sich die Roma jedenfalls, diese Lebensweise, sei sie ihnen gemäß oder erst durch die Zerstörung ihrer Kultur entstanden, aufzugeben. Was uns wichtig ist, scheint sie nicht zu stören, was uns stört, ist ihnen selbstverständlich. Man muß sich hüten, die Unterschiede kleinzulügen und zu glauben, sie würden sich mittels großzügiger Förderung kurzfristig wie von selbst aufheben. Solche Toleranz, die die Roma für fähig hält, gerade so zu leben wie wir und unsere ungeschriebenen Gesetze, die Ruhe, Sauberkeit, das Verhalten in der Öffentlichkeit zu respektieren, solche Toleranz ist nämlich gar keine. Toleranz wird erst draus, wenn man hinzunehmen gelernt hat, daß andere anders leben als wir und auch das Recht dazu haben. Solche Toleranz von den Slowaken zu verlangen, schien mir mit einem Mal jedoch wohlfeil, brachte ich diese doch in meinem geordneten Österreich schon bei nichtigem Anlaß nicht auf. Als ich zu Hause gelesen hatte, daß 95 Prozent der Slowaken keine Roma als Nachbarn haben wollten, rubrizierte ich das für mich als Rassismus. Dabei wünschte ich mir, der Yuppie von gegenüber möge endlich die Miete seines Luxusappartements nicht mehr bezahlen können und übersiedeln müssen, obwohl die Belästigung durch ihn mehr eine ideologische als reale war. Als ich in der Slowakei war, lernte ich durchaus verstehen, daß jemand lieber nicht in der Nachbarschaft einer Roma-Siedlung leben möchte. Doch zugleich ist mir nirgendwo die Notwendigkeit, auch andere als die eigenen Lebensformen akzeptieren zu lernen, so dramatisch vor Augen gestanden wie dort. So gemein es nämlich ist, die Roma mit der Ausrede, sie würden es ohnehin nicht anders wollen, ihrem nicht von ihnen verursachten Elend zu überlassen, so feindselig verhält sich, wer ihnen über eine Art von wohlwollender Erziehungsdiktatur all das austreiben möchte, was die Gadsche seit jeher an ihnen stört.

In Svídnik war es nicht nur sauber, sondern geradezu aufgeräumt. Der Ort schien auf dem Reißbrett entworfen worden zu sein. Breite Straßen für nicht vorhandene Autokolonnen, ein monströser, menschenverlassener Platz mit einem Großkaufhaus, das unmittelbar nach der Fertigstellung in die Schäbigkeit zu wittern begonnen hatte, und einer modernen Kirche, die wie ein überdimensionierter Sputnik aussah und jeden Augenblick himmelwärts abzuheben drohte ... und zwischen den Gebäuden diese endlos weite Fläche, ausgelegt mit Hunderten quadratischer Platten, durch die sich das auszementierte Bett eines künstlichen Flüßchens schlängelte, der grindig ausgetrocknet war und über den hölzerne Brücklein für längst geflüchtete Fußgänger führten.

16

Westlich von Prešov folgt eine Elendsgemeinde der Roma auf die andere. Umstritten, ob Jarovnice, Hermanovce, Jakubovany, Svinia, Rudnany oder Vítkovce näher bei der Hölle liegen. In Rudnany leben 400 Menschen auf dem Gelände einer stillgelegten Kupfermine. Das glänzende Wasser zwischen den Hütten, in dem die Kinder spielen, ist verseucht, die Behausungen stehen auf unsicherem

Boden, denn unter ihnen verzweigt sich das Stollensystem des nicht mehr profitablen Bergwerks; eines Tages, das weiß hier jeder, wird es einstürzen und den ganzen Ort der Verdammnis in den Schlund reißen. Von den Arbeitern, die zu sozialistischen Zeiten das kostbare Kupfer aus der Erde holten, ist niemand geblieben, bis auf die Roma.

In Hermanovce sind es 300, die in der Senke eines Hügels hausen, die sich bei Regenwetter in ein einziges Schlammloch verwandelt. Auf der anderen Seite des Hügels liegt Jarovnice, das größte Roma-Dorf der Republik. 3000 Roma und rund 800 Weiße wohnen einander gegenüber – in einem zweigeteilten Ort, dessen unüberwindliche Grenze durch einen Bach markiert wird. Im Juli 1998 schwoll die Mala Svinka, die so harmlos ihren Weg zu nehmen scheint, nach schweren Regenfällen binnen Stunden zum reißenden Sturzbach an, überflutete die Roma-Siedlung, brachte wackelige Hütten zum Einsturz und bedeckte schließlich alles Leben mit zähem Schlamm. 53 Roma starben in dieser Nacht, von den Decken ihrer Hütten erschlagen, fortgerissen von der Flut, erstickt im Schlamm, der sich über die Häuser und engen Wege wälzte. Die Bilder gingen um die Welt, und in aller Welt wurde für die Roma von Jarovnice gesammelt. An Geldern, aus regionalen und nationalen Fonds und von internationalen Stiftungen, hat es nicht gemangelt. Aber die 3000 Roma werden im Gemeinderat von acht Räten vertreten, die 800 Gadsche hingegen von deren zwölf, und keine Partei gibt es, die ihrer Politik nicht das Kriterium ethnischer Unterscheidung zugrunde legte. Bei den letzten Wahlen zum slowakischen Parlament kandidierten nicht weniger als 19 Roma-Parteien gegeneinander, die sich nicht nur die Stimmen der Roma teilen mußten, sondern es auch alle zusammen nicht zuwege brachten, die Mehrheit ihres Klientels überhaupt zu den Urnen zu bringen. Die Spenden, die in Jarovnice einlangten, wurden brüderlich geteilt, die Hälfte kassierte der Bürgermeister für die Gadsche, die an der höher gelegenen Seite der Mala Svinka siedelten und außer überfluteten Kellern und in Mitleidenschaft gezogenen Gemüsegärten kaum Schäden erlitten hatten, die andere Hälfte erhielten die 3000 Roma, deren Häuser völlig zerstört waren.

Klára Orgovánová, eine der bekanntesten und gewiß der verhaßtesten Frauen in der Slowakei, hat auf den merkwürdigen Sachverhalt hingewiesen, daß die Flutkatastrophe von Jarovnice über den einen Teil des Ortes Wohlstand in Form von neuen Fernsehapparaten und Kühlschränken gebracht, dem anderen aber nicht aus der Zerstörung geholfen habe; die Siedlung der Gadsche ist dank der halben Spendensumme so reich geworden, wie sie vor der Flut nicht war, während die Siedlung der Roma, die verwüstet wurde, mit der halben Summe nicht einmal notdürftig versorgt werden konnte und jetzt, im fünften Jahr nach dem Unglück, aus Containern, die als provisorische Unterkünfte geliefert wurden, Wohnstätten auf Dauer geworden sind. Klára Orgovánová, die in Bratislava das Roma-Kinderhilfswerk leitet und in der Bürgerrechtsbewegung »Open Society« tätig ist, wird von vielen Weißen gehaßt, weil sie unbeirrt die Mängel der slowakischen Gesellschaft benennt und sich, selbst seitdem die Regierung sie zur Beraterin in Roma-Fragen ernannte, mit Kritik an der Diskriminierung von staatswegen nicht zurückhält; viele Roma wiederum akzeptieren die würdevolle Dame nicht mehr als eine der ihren, weil sie die Universität absolviert hat und mit ihrem Werdegang für eine geglückte Integration einstehen könnte, die sie ersehnen und fürchten zugleich.

So groß die Not ist, finden sich doch Weiße wie Schwarze, die dem Verfall zu trotzen und die Roma, deren Gesellschaft von einem Prozeß der Selbstzerstörung ergriffen scheint, aus der Apathie zu mobilisieren versuchen. In Jarovnice wirkt mit Ján Sajko ein enthusiastischer Zeichenlehrer, der dem Talent der Roma-Kinder, ihre Welt zeichnerisch einzufangen, zum Durchbruch verhalf, indem er ihnen gab, was sie nie vorher erhielten, Papier und Farbstifte sowie die beständige Ermutigung, daß sie, die schwarzen, notorisch in die Sonderschule abgedrängten Kinder, etwas zuwegebrächten, wofür sie bewundert zu werden verdienten. Ihre Bilder sind in der Welt unterwegs, sie waren in Museen und Bildungsstätten vieler Länder zu sehen, und wie sie farbenprächtig die einfachen Dinge aus der nächsten Umgebung ihrer Schöpfer mit deren Phantasien und Traumgebilden verbinden, wurden sie häufig mit den Bildern Marc Chagalls verglichen. Ausgerechnet in Rudnany wiederum, von dem jeder, der es gesehen hat, hoffte, es würde von seinen Bewohnern verlassen und geschliffen werden, damit auf diese giftige Stätte ein paar hundert Jahre niemand mehr seinen Fuß setze, ist ein kleines Kulturzentrum errichtet worden, in das jetzt die Roma aus der Umgebung kommen, um zu musizieren und sich über ihre Dinge zu bereden, zu denen auch gehört, daß sie eines Tages diesen Höllenort vielleicht doch verlassen werden.

Rudnany und das kleinere, geradezu in den Graben der Landstraße geworfene Vítkovce sind nur ein paar Kilometer von Spišska Nova Ves entfernt, einer ebenso schönen wie geschäftigen Stadt, deren architektonischer Reichtum aus der frühen Neuzeit datiert, als sie noch Zipser Neudorf hieß und die selbstbewußten Zipser Bürger und Bergarbeiter hier das Verwaltungszentrum ihrer sechzehn freien, dem Zugriff feudaler Herren entzogenen Städte erschufen. In dieser Gegend tauchten um 1320 die ersten Zigeuner auf dem Gebiet der späteren Slowakei auf, oder besser: hier tauchen sie erstmals in schriftlichen Quellen auf, die vom Durchzug einer größeren Zigeunergruppe berichten. In den nächsten Jahrzehnten vermehrten sich die bürokratischen Nachrichten über die wandernden Fremden, denen damals offenbar mit Skepsis, aber nicht mit Feindseligkeit begegnet wurde. Von einem mächtigen Zigeunerkönig namens Sindel sprechen die Akten ebenso wie von den Fürsten Pamuel, Michal und Ondrej, die sich befristet in der Umgebung von Košice niederließen. Bald mußten es bereits 20 000 gewesen sein, die übers Land zogen und mit Genehmigung der Obrigkeit als Schmiede, Musiker, Pferdehändler ihrem Gewerbe nachgingen.

Über neunzig Prozent der heute in der Slowakei lebenden Roma stammen von Familien ab, die bereits im 18. Jahrhundert aus oder über Rumänien ins Land gekommen waren. Bis zu Josef II., dem entschlossensten Reformer unter den habsburgischen Herrschern, der seine wohlwollende Despotie, alles für das Volk zu tun, aber nichts durch das Volk, ausdrücklich auch auf sie ausdehnte, ist von den Fahrenden immer wieder mit Ressentiments, aber kaum einmal mit jenem blanken Haß die Rede, mit dem sie erst im Anbruch der Moderne zum potentiellen Objekt des Völkermordes erkoren wurden. Ähnlich wie gegen die Juden wurde der Haß auch gegen die Zigeuner mit immer denselben Legenden unterfüttert. Im Prozeß von Hontia fanden sie sich 1782 erstmals dem Vorwurf des Kannibalismus ausgesetzt, was mehr als vierzig von ihnen mit dem Tod bezahlen mußten, und noch 1923 standen sie unter derselben Anklage in Košice vor Gericht. Anders als in den benachbarten Ländern konnten die diskriminierten Roma in der Slowakei jedoch der organisierten Deportation in Konzentrationslager entgehen; nachdem der slowakische Nationalaufstand von 1944, der die Herrlichkeit eines Vasallenstaates von Hitlers Gnaden brechen wollte, blutig niedergeschlagen wurde, waren es allerdings die Zigeuner, an denen die Nationalsozialisten und ihre Helfershelfer Massaker verübten. Daß sich bei der Volksabstimmung des Jahres 2001 nur 89 000 Staatsbürger als Roma bekennen mochten, hat mit dieser langen Geschichte von Benachteiligung und Verfolgung zu tun. Selbst Leute, die ihnen gegenüber feindselig eingestellt sind, gehen nämlich davon aus, daß rund viermal so viele Roma in der Slowakei leben; aber wo es mitunter lebensgefährlich war, als solcher erkannt zu werden, und es noch heute allenthalben für verächtlich gilt, einer zu sein, ist die Bereitschaft, sich amtlich als Roma verzeichnen zu lassen, gering.

17

In Svinia war nichts zu hören als der Regen, der seit Stunden in dicht gezogenen Fäden niederging. Er nahm an Stärke weder ab noch zu, es war ein geradezu leidenschaftsloser, pedantischer Regen, der ein beständiges feines Sirren erzeugte, von dem man sich nicht vorstellen konnte, daß es unter dieser grauen, massiven Platte des Himmels je wieder aufhören werde. Ich verließ das Dorf in der Richtung, die mir bezeichnet worden war, und ging die Landstraße entlang, die nach Poprad führte und auf der nur alle paar Minuten das fahle Licht eines Scheinwerfers auftauchte, der den grauen Schleier kaum durchdrang und mitsamt dem vorbeibrausenden Auto rasch wieder vom Regen verschluckt wurde. Anfangs war die Straße von Einfamilienhäusern gesäumt, auf deren düsterem Anstrich sich jetzt schwere, große Wasserflecken abzeichneten, bald führte sie durch freies Gelände.

Die Zigeunersiedlung, war mir gesagt worden, lag nicht am Ausgang des Dorfes, sondern einen halben Kilometer außerhalb davon. Vorzeitig hatte sich eine deprimierende Dämmerung über das Land gelegt, das wie ein großer brauner Schwamm das Wasser aufnahm, das seit Stunden zur Erde fiel. Ich schritt stur geradeaus und ging auf jenen Dunst zu, in dem sich die Straße irgendwo weit vor mir auflöste. Da war nichts an diesem Nachmittag als die Straße, der Regen und dieses Sirren. Und dann sah ich sie. Nein, bevor ich sie sah, hörte ich etwas. Es war ein ferner, aus vielen, noch nicht unterscheidbaren Geräuschen und Tönen zusammengesetzter Klang, und dieser Klang schien sich wie eine Kuppel über dem zu wölben, was endlich sichtbar wurde: über einem Haufen von Brettern, Steinen, Blech, von Holzhütten, Mauerwerk, Containern.

Nach links zweigte ein Weg von der Hauptstraße ab, der nach etwa 150 Metern eine Biegung machte, sich weitete und in die Siedlung hineinführte. Während ich näherkam, zerfiel der Klang in unzählige Einzelgeräusche, in hohe und heisere, begeisterte und verärgerte Stimmen, in das erschreckte Bellen von Hunden, das Klatschen von Bällen, die auf eine Steinwand geschossen wurden, das berstende Krachen von Holz, auf das jemand sprang, das Hämmern auf eine blecherne Unterlage und, unverkennbar, das Klatschen auf Wasser.

Als ich vielleicht zehn Meter von der Biegung entfernt war und schon ein wenig in die Siedlung hineinblicken konnte, stieg mir unvermittelt ein Geruch in die Nase, so intensiv und ungewohnt, daß sich der Organismus sogleich wehrte, ihn aufzunehmen, und krampfhaft versuchte, das, was ich von ihm bereits eingeatmet hatte, wieder auszustoßen. Mit dem würgenden Geräusch eines unterdrückten Brechanfalls stolperte ich, den Oberkörper vornüber gebeugt, in die Siedlung, wo mich Dutzende Erwachsene, Jugendliche und Kinder aus erstaunten Augen ansahen und über meinen röchelnd hinuntergeschluckten Ekel sogleich in ein gutmütiges Lachen ausbrachen. Ich war mir sicher, sie wußten genau, daß mir der Gestank ihrer Siedlung den Atem geraubt hatte, der süße Geruch von Verwesung, der sich mit dem von Fäkalien, Benzin, vermodertem Holz, verbranntem Plastik verbunden hatte, diese Schwaden von Fäulnis, die aus jeder Ecke aufzusteigen schienen und betäubend durch den Ort zogen. Die ersten Atemzüge waren entsetzlich, immer wieder versuchte die Lunge das Einatmen zu verweigern, bis ich wackelige Knie hatte und spürte, wie mir unter der Regenjacke der kalte Schweiß das Hemd an den Rücken klebte. So bedrängt, kapitulierten die Atmungsorgane und sogen die Luft endlich ein, nach ein paar tiefen Zügen schon wurde es besser, der Geruch verlor seine Intensität, bis ich ihn nach einiger Zeit kaum mehr merkte. Als ich mich aufrichtete und wieder frei atmete, nickten mir von allen Seiten die Leute anerkennend zu, als hätte ich mir, meinen Ekel überwindend, Anwesenheitsrecht in ihrer Gemeinschaft erworben.

Keine drei Meter vor mir, in einer grünschimmernden Pfütze, in der ich einen aufgeweichten Pappkarton, rostige Konservendosen und welke Gemüseblätter treiben sah, saß ein nackter Bub von höchstens zwei Jahren, auf dessen kahlrasiertem Haupt eine große Wunde verschorfte. Er saß im eiskalten Wasser, auf das er vor Begeisterung mit der flachen Hand klatschte, und fing, zitternd vor Kälte, laut zu jauchzen an, kaum daß er mich, den Fremden, erblickte. Schon sprangen seine Geschwister herbei, hoben ihn, der über und über mit Lehm verklebt war, in die Höhe und stürmten mit ihm zu mir. Ich war noch keine Minute da, schon stand ein Dutzend Kinder um mich, von dem mir ein jedes seine Hand entgegenstreckte und mir seinen Namen sagte.

Sie redeten auf mich ein, durcheinander, zuerst auf romanes und dann auf slowakisch, wollten alles auf einmal wissen, auf einmal erzählen und mußten dann doch den Erwachsenen Platz machen, die aus den Häusern, in deren Eingängen sie, geschützt vor dem Regen, gestanden waren, heraustraten. Ich wußte nicht, ob ich zehn Minuten oder eine Stunde brauchte, jedem, der mich als Gast seiner Siedlung persönlich begrüßte, die Hand zu reichen, aber ich stand noch am oberen Ende des Platzes und hatte kaum über den Knäuel, der sich rasch um mich gebildet hatte, hinausblicken können. Wer sich mir vorstellte, nannte seinen Namen und die Anzahl der Kinder, die er hatte; drei, vier waren es immer, selbst bei den ganz jungen Männern, und ohne Scheu zeigten sich auch ihre Frauen, die, einige mit einem Säugling an der Brust, durch den Schlamm stapften, um mir zu verraten, wer sie seien und wie viele Kinder sie bereits geboren hatten.

Der Weg, der von der Landstraße zur Siedlung führte, hatte sich an der Biegung auf vielleicht zehn Meter verbreitert. Dies war der Hauptplatz der Siedlung, der zu beiden Seiten von je zwei langgestreckten einstöckigen Steinhäusern begrenzt wurde. Der ganze Platz war vom Regen zu klebrigem Morast aufgerührt. Mir fiel auf, wie achtlos die Leute im Dreck ausharrten, egal ob sie hohe Winterstiefel oder leichte Sommerschuhe trugen, sie kümmerten sich nicht darum, und auch wenn das Wasser längst in ihr Schuhwerk eingedrungen sein mußte, nahmen sie es völlig ungerührt. Ich stand im tiefen Morast, der jedesmal, wenn ich von einem Fuß auf den anderen trat, ein schmatzendes Geräusch von sich gab, ich stand im Zentrum dieser vor Schmutz starrenden, von undurchdringlichem Gestank eingehüllten Siedlung, in diesem unaufhörlichen Regen, dessen Nässe alles durchdrang, und war von lauter lachenden Menschen umgeben. Von jungen Männern, deren Gesichter vom Alkohol verwüstet waren, von abgezehrten Frauen, ein Kind an der Brust, zwei am Kittel und schon wieder eines im gewölbten Bauch, von feixenden Jugendlichen, die mir stolz und verstohlen zeigten, wie sie einen Klebestoff aus einem Plastiksäckchen einsaugten, von Alten ohne Zahn im Mund ... Ich war von Gezeichneten umgeben – und traf auf keinen einzigen, der dem Fremden, der sie besuchte, nicht zugelacht und ihm freundschaftlich auf die Schulter geklopft hätte.

18

Am Hauptplatz standen vier einstmals weiße Häuser, die bis zur Höhe von einem Meter mit Lehm und Kot beschmiert waren. Aus jedem der sechs Fenster eines Stockwerkes schaute jemand heraus, rauchend, sich mit Zuruf, Ermunterung, Spott in die Spiele und Unterhaltungen da unten einmischend, und die meisten, deren Blick den meinen kreuzte, winkten mir zu, ich solle zu ihnen hinaufkommen. Schließlich nahm mich eine alte Frau mit langem blaugrauen Haar an der Hand und führte mich in ein Haus hinein. Im lichtlosen Stiegenhaus stieg mir der Geruch der Verwesung wieder in die Nase, in den ich draußen bereits so lange eingetaucht war, daß ich ihn nicht mehr bemerkt hatte. Dem Gemisch der Fäulnis mußte hier eine neue Ingredienz beigefügt sein, die ich nicht isolieren konnte. Wir gingen, begleitet von ein paar johlenden Kindern, die mich unablässig anstießen, weniger um mich auf etwas aufmerksam zu machen, sondern weil sie wünschten, daß ich sie ansah, in den ersten Stock hinauf, wo vor den Wohnungen, die meist ein einziges Zimmer hatten, in der Düsternis ein paar Männer und Frauen standen, die mir neugierig zunickten.

Die Alte wies durch die geöffnete Tür in einen Raum, der schwach von dem Dämmer, der durch das Fenster fiel, erhellt wurde. Es war ein Zimmer von vielleicht zwölf Quadratmetern – und es war so sauber, wie nur je die Wohnung eines Kleinbürgers gewesen sein mag, dessen Stolz wohlgeputzte Räume und abgestaubte Möbel waren. Ich streifte die lehmverschmierten Schuhe von den Füßen und ging auf weichen Teppichen. Noch öfter würde ich in Svinia Anlaß haben, über das Wunder zu grübeln, wie die Frauen, wie all die Mütter und Großmütter es zuwegebrachten, in einer dreckstarrenden, bei Regen im Schlamm ertrinkenden Siedlung ihre Wohnungen so sauber zu halten; wie sie es schafften, die Kinder, die dauernd rein und raus stürmten, so weit zu bringen, daß sie den Dreck, dessen sie draußen wie die Erwachsenen nicht im geringsten achteten und den sie gleichmütig in das eigene Stiegenhaus brachten, vor der meist geöffneten, oft auch gar nicht vorhandenen Wohnungstür ließen. Es war in der Schnelligkeit, mit der sich die Kinder bewegten, und bei dem Morast, der bis an die Häuser reichte, kaum zu begreifen, daß sich der private kleine Wohnraum von dem öffentlichen Bereich so strikte getrennt halten ließ: Die wenigen Quadratmeter, die eine Familie für sich hatte, wurden penibel sauber gehalten, was hingegen auch nur einen einzigen Schritt vor diesem Raum lag, kümmerte keinen mehr, und es störte auch niemanden, daß auf dem Gelände, das allen gehörte, ein jeder seinen Mist ablud, wo es ihm gerade gefiel.

Wie der Boden mit Teppichen ausgelegt war, hatte die Alte auch die Wände mit allerlei Tüchern drapiert. An der einen Wand hing ein großes Heiligenbild, das die Muttergottes mit gefalteten Händen, blauem Kopftuch und entrücktem Blick zeigte, wie ich es so oft in österreichischen oder italienischen Häusern auf dem Land gesehen hatte. An der gegenüberliegenden Wand hatte die Frau ein paar in hölzerne Rahmen gefaßte Fotografien ihrer Familie plaziert, deren Mitglieder sie mir wortreich und begierig, dabei von mir mit anerkennenden Worten bedacht zu werden, einzeln vorstellte. Nachdem sie mir die Fotos erklärt hatte, rief sie durch den Pulk von Leuten, der uns von der Tür aus beobachtete, nach draußen, und nach und nach bekam ich sie fast alle zu sehen, die Männer, Frauen und Kinder, die auf den Fotos abgebildet waren. Ein jeder, der an der Reihe war, deutete auf eine bestimmte Person auf dem Foto und dann mit bestätigendem Nicken auf sich, und dann lachten wir alle und immer neu, wenn sich wieder einer stolz als der zu erkennen gab, der auf dem Foto viel jünger ausschaute oder besser gekämmt war.

Als ich auf den Platz zwischen den Steinhäusern zurückkehrte, wurde ich von manchen neuerlich begrüßt, als würden sie sich freuen, mich, der ich so lange weg gewesen war, wiederzusehen. Hinter den steinernen Häusern standen ein paar Reihen mit Holzbaracken, Lehmhütten, Containern. Diese Behausungen waren nicht so alt wie die Steinhäuser, aber noch baufälliger. Nicht alle allerdings, ein paar waren darunter, die nach demselben einfachen Typus einer Blockhütte errichtet waren und offenbar sorgsam gewartet wurden. Ich fragte mich, welche Leute darin wohnten und warum sie es verstanden, besser auf ihre Unterkünfte zu achten. Da fiel mein Blick auf einen etwas abgesetzten Bungalow, der den Hauptplatz an seiner oberen Schmalseite abschloß und auf dem ein Schild angebracht war, das ein Ahornblatt zeigte.

19

Ein paar Tage später lernte ich Craig und Martina kennen. Sie teilten sich ein winziges Büro im Gemeindeamt von Svinia, in das sie zwei über und über mit Akten, Briefen, Dokumenten, Plänen bedeckte Schreibtische gezwängt hatten, sodaß man sich in dem Zimmer kaum mehr bewegen konnte. Craig war Anfang Zwanzig, groß, auf sportliche Weise kräftig, hatte kurzgeschorenes Haar, stammte aus einem Nest in Arkansas und war nach Europa gekommen, damit er, ehe er in den USA etwas Einträgliches studieren würde, zuerst zwei Jahre christliche Sozialarbeit leiste. Natürlich hätte es auch in den USA genügend für ihn zu tun gegeben, aber die Organisation, für die er sich nach der High-School zu arbeiten entschlossen hatte, brauchte ihn eben in der Slowakei, einem Land, von dem er vorher fast gar nichts gewußt hatte und auch jetzt, da er ein Experte für Wohnungsfragen der Roma geworden war, noch immer nicht viel wußte. Martina war ein paar Jahre älter und hatte in Prešov eben ihr Studium beendet, es aber vorgezogen, nicht als Gymnasiallehrerin für Zeichnen ins Berufsleben einzusteigen, sondern Sozialarbeiterin zu werden und nach Svinia zu gehen.

Craig war Mitarbeiter von »Habitat for Humanity International«, einer überkonfessionellen, in ihrer Religiosität stark amerikanisch geprägten Unternehmung, die auf allen Kontinenten einfache Häuser errichtet, die ganz an den Grundbedürfnissen von Slumbewohnern orientiert sind. Das Besondere an Habitat ist, daß sie Häuser nicht einfach bezugsfertig hinstellt und somit die neuen Hauseigentümer in ihrem Status als Empfänger fremder Wohltaten bestätigt, sondern sie zur Mitarbeit verpflichtet. Wer ein Haus von Habitat erwerben möchte, muß bis zum Dachstuhl am Bau persönlich mitarbeiten und über einen Kredit, der ihm langfristig gewährt wird, auch eine geringe Summe für seine spätere Wohnstätte selbst entrichten. Die Leute von Habitat haben nämlich gemerkt, daß bezugsfertig übergebene Sozialwohnungen nach kurzer Zeit vom Slum wieder verschluckt werden, während Häuser, an deren Planung und Ausführung die künftigen Bewohner beteiligt sind, von diesen auch als ihre ureigene Angelegenheit geschätzt werden, auf die sie zu achten haben und für die sie sich verantwortlich fühlen. Die einfachen Blockhütten in der Siedlung, über deren guten Zustand ich mich gewundert hatte, waren nach diesem Prinzip geplant, errichtet und an ihre Besitzer im Slum übergeben worden.

Craig hatte in seinem Computer alle Bewohner der Zigeunersiedlung erfaßt, die Verwandtschaftsbeziehung zwischen ihnen verzeichnet, die Zahl der Kinder, das Alter der Familienmitglieder. Er erzählte mir, daß in dem slowakischen Teil Svinias rund 1300 Leute wohnten und in der Zigeunersiedlung exakt 657; obwohl, räumte er lachend ein, so exakt könne man es natürlich nicht sagen, und genau genommen habe noch keine Zählung die gleiche Anzahl von Bewohnern ergeben. Er war jetzt ein Jahr in Svinia, wollte ein zweites bleiben und strahlte immer noch vor Zuversicht, daß die Welt nach den Grundsätzen von Habitat zwar nicht in ein Paradies, welches ohnehin erst am Ende aller Zeiten kommen würde, verwandelt werden konnte, aber immerhin in eine friedvolle Siedlung mit freundlichen Blockhütten, sodaß kein Mensch mehr ohne ein ordentliches Dach über dem Kopf leben müßte. Wenn ich ihn traf, hatte er stets ein dickes Holzfällerhemd an und diese aufgeweckte Freundlichkeit im Gesicht, eine Zuversicht, die mir, je nachdem, wie ich gelaunt war, bewundernswert oder ungebührlich naiv erschien.

Ich dachte, dieser junge Mann aus Arkansas, der in den nächsten Jahren gewiß etwas Vernünftiges studieren und es alsbald zu einem einträglichen Job, zu einer netten Familie bringen würde, war hierher an das Ende einer Welt gekommen, von der er keine Ahnung hatte, in der Absicht, etwas Gutes zu tun, und in der Gewißheit, daß die Welt, die er gar nicht kannte, nur darauf wartete, daß ein amerikanischer Junge aus einem Kaff in Arkansas ihr Gutes tat. Ohne Anflug von Kritik erzählte er mir, wie wichtig es für Habitat war, daß Präsident Bush sich mit Helm und Maurerkelle hatte abbilden lassen, als er in den USA eine neue Siedlung von Habitat besuchte, denn in den Wochen darauf waren so viele Spenden eingetroffen, daß einige neue Projekte in den USA selbst und in Afrika angegangen werden konnten. Meinen Einwand, daß es nur billig wäre, wenn der Präsident einen kleinen Beitrag dafür leiste, die unmittelbaren Folgen seiner desaströsen Sozialpolitik zu mildern, hatte Craig mit seinem arglosen Lächeln offenbar gar nicht verstanden, und ich verstand selber nicht, was für ein böser Wunsch mich trieb, ihn, der den idealistischen jungen Amerikaner so gewinnend personifizierte, mit meinen europäischen Einwänden zu behelligen.

An politischen Fragen war Craig so desinteressiert wie er sich auf zupackende Weise für die praktische Lösung jener Probleme interessierte, mit denen er es bei seiner Arbeit zu tun bekam. Ich staunte nicht nur darüber, mit welchem Optimismus er an die schwierigsten Dinge heranging, sondern auch, wie ansteckend sein Optimismus, seine ungebrochen gute Laune für fast alle waren, die mit ihm zusammentrafen. Einmal klagte er, daß der letzte Bürgermeister von Svinia viel aufgeschlossener und hilfsbereiter gewesen sei als die jetzige Bürgermeisterin, die ihre Amtsräume im selben Gemeindeamt hatte. Es ist das erklärte Ziel von Habitat, Wohnungseigentum zu schaffen und die neuen Häuser und Hütten notariell als Besitz der jeweiligen Bewohner ins Grundbuch eintragen zu lassen. Die Roma freilich siedeln nirgends auf eigenem Grund und Boden, und auch wenn es die vergiftete Halde einer aufgelassenen chemischen Fabrik ist, auf der sie ihre armseligen Hütten errichtet haben, sind sie dort doch nur auf Abruf geduldet. Selbst wenn sie dreißig Jahre in

Dienstunterkünften eines Industriekombinats gewohnt haben, hat sich, kaum daß das Kombinat geschlossen und die Belegschaft entlassen wurde, abertausendfach erwiesen, daß sie in Wahrheit all die Zeit ohne Mietvertrag oder Eigentumsanspruch gewohnt hatten und von einem Tag auf den anderen vertrieben werden konnten.

Die Zigeunersiedlung von Svinia lag weit außerhalb des Dorfes, an einer sumpfigen Stelle, die seit Menschengedenken niemals genutzt worden war. Der alte Bürgermeister nahm es als Geschenk des Himmels, daß Habitat sich darum bemühte, die Siedlung instand zu setzen. Im letzten Herbst war er abgewählt worden, weil ihm eine junge Gegenkandidatin die Wähler mit der Ankündigung abspenstig gemacht hatte, sie werde in Svinia Schluß mit der dauernden Bevorzugung der Roma machen und endlich einmal an die anständigen, fleißigen Bürger der Gemeinde denken. Ich fragte Craig, von welcher Partei die Bürgermeisterin ins Rennen geschickt worden war. Er dachte lange nach, dann schüttelte er den Kopf. Er lebte seit einem Jahr in der Slowakei, er arbeitete von früh bis spät für die Roma, er verhandelte mit dem Gemeinderat um die Umwidmung von Brachland in Bauland, er war dem alten Bürgermeister dankbar, daß er ihn in seinem Anliegen unterstützt hatte, und empört, daß die Bürgermeisterin fast alle Vereinbarungen, die getroffen worden waren, inoffiziell brach oder offiziell zurücknahm; aber er wußte nicht, mit welchen Parteien und politischen Gruppierungen er es dabei zu tun hatte, ja, er kannte, wie ich bemerkte, weder Namen noch Programme der großen politischen Parteien, die in der Slowakei existierten, wußte gerade noch, wer der Präsident des Landes war, aber nicht, welche Regierung in Bratislava am Ruder war und welche im Bezirk von Prešov. Craig war davon überzeugt, daß seine Schwierigkeiten mit derlei politischen Dingen nicht viel zu tun hatten; der alte Bürgermeister war einfach okay gewesen, und die neue Bürgermeisterin, nein, die war leider nicht okay. Wie sie sonst sei, fragte ich ihn, und da blickte Craig mich mit seinem unschuldigen Arkansas-Blick an, hob die Augen zum Himmel und sagte nur: Oh God! Da wußte ich, wer sie war und daß ich sie bereits gesehen hatte.

20

Als Dezider, Adam, Marek, Zlatina, Morella, Vadamen gerade versuchten, mir auf romanes das Zählen bis zwanzig beizubringen und sich nicht genug über mein Ungeschick amüsieren konnten, war mein Blick über die Schar der Kinder hinweg auf eine Frau gefallen, die ein paar Meter vor dem Eingang der Siedlung stand und einigen Männern in ihrer Begleitung die Lage zu erklären schien. Drei dunkle Wagen der Luxusklasse waren neben ihnen geparkt. Eine Frau, Mitte Dreißig, in Stöckelschuhen und jenem kurzen Rock, der auch bei uns häufig zur Kostümierung von Frauen im gehobenen Management gehört und mindestens so sehr wie sexuelle Attraktion den Eindruck von sportlicher Lebensführung vermitteln soll, war von einer aus Männern bestehenden Delegation umgeben. Die Männer waren lässiger gekleidet und unverkennbar mit wichtigen Menschheitsanliegen wie der Steigerung von Aktiengewinnen befaßt. Die Frau suchte sie für etwas zu begeistern oder ihnen etwas darzulegen, was sie, die herabgekommene Siedlung vor sich, noch nicht sehen konnten, aber immerhin ahnen sollten. Die Frau deutete mit dem Mobiltelefon wie mit einem Feldherrenstab auf die Siedlung. Ihr Haar war kohlrabenschwarz gefärbt, ihr Körper im Solarium tief gebräunt worden, aber keines der schwarzen Kinder, die sonst jedem, der die Siedlung betrat, lärmend entgegenstürmten, wagte sich in ihre Nähe.

Erst durch die Anrufung Gottes, in die sich Craig geflüchtet hatte, wurde mir klar, daß diese attraktive Frau, die sich perfekt auf den Typus Kraft durch Freude zurecht geschliffen hatte, die junge, dynamische, erfolgreiche Barbarin à la mode war, die dem Ort jetzt als Bürgermeisterin vorstand. Schon als ich sie sah und noch gar nicht wußte, was ihr Amt war und was sie mit diesem Amt vorhatte, war ich von einer heftigen Abneigung gegen sie erfaßt worden. Würde ich jemals einen Film drehen, in dem eine seelenlose Frau die Vertreibung der Menschen von der Erde plant und ohne Gemütsregung ins Werk setzt, sie wäre meine ideale Besetzung. Aber ich werde nie einen solchen Film mit solch fragwürdiger Intention drehen und die Finger ohnehin vom Filmgeschäft lassen. Sie stand in ihren Stöckelschuhen am Rande eines Ortes, den mit diesen Schuhen zu durchqueren unmöglich war, weil der Boden aus Lehm bei jedem Schritt nachgegeben haben würde, und sie zeigte sieben Männern, von denen ich einem jeden unbefragt die größten

Gemeinheiten zutraute, ein im Morast versinkendes Gelände, auf dem jetzt noch in windschiefen Hütten ein paar Hundert Menschen lebten, die die Bürgermeisterin für bevorzugt hielt und deren Privilegien sie mit harter Hand abzuschaffen willens war.

Auch Craig wußte nicht, ob sie vorhatte, die Siedlung schleifen zu lassen, ehe die Roma sie als ihren Grund und Boden notariell verbrieft erhielten, ob sie mitten in den Slum einen Handymasten stellen oder ob ausgerechnet hier, in der Einöde, ein Konsortium internationaler Investoren eine Fabrik errichten wollte. Kein Roma wagte sich näher als zehn Meter an die Gruppe heran; keiner der Besucher hat einen der Bewohner begrüßt. Sie sahen über ein Gelände, das von Menschen bewohnt wurde, aber sie schauten, als wären die Menschen bereits nicht mehr da. Sie standen am Rande eines Slums, aber sie sahen bereits etwas ganz anderes, durch die Menschen hindurch, die in geringer Entfernung vor ihnen standen, hinweg über ihre Hütten, allenfalls angewidert von den Zumutungen, die ihnen ihr Geschäft, damit es eines werde, bescherte.

Ja, Europa. Die Delegationen der EU haben die Slums besucht und waren entsetzt, weil sie fürchteten, daß all die Verkommenen aus den Ghettos über die hübschen europäischen Städte herfallen könnten. Hier aber standen die neuen Europäer, die sie nicht fürchteten, sondern auf die sie bauten, Geist von ihrem Geist, und mit einem Mal durchzuckte mich die Gewißheit, daß all die hier versammelten Elenden zusammengenommen nicht so zu fürchten waren wie jeder einzelne dieser Geschäftseuropäer für sich.

21

Martina kannte buchstäblich jeden der 657 Bewohner des Slums beim Namen. Wenn ich mit ihr in die Siedlung kam, strömten die Leute herbei, gerade so, als hätte die Sache erst ihre Richtigkeit, wenn sie alle von ihr mit Namen angesprochen worden wären. Nirgendwo sonst war ich Menschen begegnet, denen es so wichtig war, daß man sie mit ihrem Namen kannte und nannte; das älteste und am häufigsten verletzte Menschenrecht, keine Nummer, kein Namenloser, sondern ein ganz Bestimmter zu sein und vor seinen Herrn im Himmel und die Menschen auf Erden mit eigenem Namen zu treten, hier verlangte ein jeder, der sonst fast gar nichts zu verlangen hatte, daß es respektiert werde. Martina erzählte mir, daß 450 der 657 Bewohner unter sechzehn waren und nur fünf über sechzig. Die Lebenserwartung der Roma war auch früher geringer als jene der anderen Europäer gewesen, aber noch nie war der Unterschied so groß wie jetzt in der Ära der großen medizinischen Fortschritte und einer europäischen Verfassung, die sich auf das Erbe von Humanismus und Aufklärung beruft; zugleich bekamen die Roma viel mehr Kinder als die anderen, und wenn sich diese demographische Entwicklung nicht abschwächt, werden im Jahr 2070 die europäischen Roma zwar nur mehr so alt werden wie die Europäer des frühen Mittelalters, aber dennoch in der Slowakei die größte Bevölkerungsgruppe stellen.

Bei allem, was sie tat, wirkte Martina bedächtig und entschlossen zugleich, Hast und Hektik waren ihr fremd und schienen auch all denen fremd zu werden, mit denen sie sprach, und doch war sie unablässig in Bewegung und dauernd damit beschäftigt, irgendetwas zu erledigen, zu ordnen, auf den Weg zu bringen. Sie war beim »Svinia-Project« angestellt, und ich habe nie herausgefunden, ob sie in dieser Funktion eigentlich die Vorgesetzte von Craig war. »Habitat for Humanity International« war nämlich in ein größer gefaßtes Projekt integriert, das in den neunziger Jahren der kanadische Anthropologe David Z. Scheffel initiiert hatte. Von tschechischen Vorfahren abstammend, war Scheffel Professor an der University of the Cariboo in Britisch-Kolumbien und eher zufällig auf Svinia gestoßen, eine Begegnung, die seinem Leben eine Wendung gab. Scheffel entdeckte hier nämlich nicht nur ein einzigartiges Forschungsfeld, auf dem sich die Sitten, Traditionen, Überlebensstrategien eines Clans von Roma studieren ließen, die seit Generationen nahezu völlig isoliert gelebt hatten und auch von anderen Roma geradezu als Unberührbare geächtet waren. Folgenreicher war, daß er sich persönlich herausgefordert fühlte, etwas zu tun, was man von ihm im akademischen Sinne nicht verlangen konnte. Das »Svinia Project«, das er erfand und das anfangs mit privaten Geldern, später von der Canadian International Development Agency gefördert wurde, vereinte eine Anzahl von Initiativen, von denen eine jede etwas damit zu tun hatte, die Roma von Svinia in ihren Eigenheiten zu respektieren, ihnen aber dennoch beizustehen, aus dem Elend herauszufinden. Habitat war nur eine von mehreren dieser Initiativen, andere, wie das »Heifer Project«, hatten zum Ziel, den Leuten wieder rudimentäre landwirtschaftliche Kenntnisse zu vermitteln.

Das klingt paternalistisch, denn warum braucht man einer Gruppe von Roma, die in einem Slum auf dem Land haust, landwirtschaftliche Kenntnisse in Erinnerung zu rufen? Martina hatte es gewiß schon vielen anderen Besuchern erzählt, aber wie sie es mir sagte, klang neuerlich das Erstaunen, das Befremden durch, das sie selber dabei immer noch empfand: »Du mußt wissen, sie haben alles vergessen, sie haben wirklich alles vergessen, was zum Leben gehört.« Vor etwa zehn Jahren, als Scheffel und seine Mitarbeiter, Studenten aus Kanada, Sozialarbeiter und Wissenschaftler aus Prešov, gerade begonnen hatten, erste Konzepte für Svinia zu entwerfen, hatte man einmal eine Anzahl lebender Hühner nach Svinia gebracht, im naiven Glauben, diese erste Dotation werde die Roma motivieren, nicht immer nur auf den Tag zu warten, an dem die Sozialfürsorge ausbezahlt und im örtlichen Supermarkt gleich in Waren umgesetzt werde, sondern einen ersten bescheidenen Schritt zur Selbstversorgung zu tun. Als ein Mitarbeiter des Projektes am nächsten Tag in die Siedlung kam, waren alle Hühner tot. Ein Teil von ihnen war bei einem Fest abends verzehrt worden, die anderen lagen geköpft, den Hunden zum Fraß vorgeworfen, irgendwo in der Siedlung herum. »Sie wußten nicht einmal mehr, daß Hühner Eier geben, und sie wußten nicht, wie man Hühner hält.«

In dem Haus mit dem Ahorn, gestiftet vom kanadischen Entwicklungsfond, waren jetzt eine kleine medizinische Station, ein Kindergarten, eine Küche und eine Werkstatt untergebracht. Dort wurden für jene, die dazu bereit waren, Kochkurse abgehalten, unter denen man sich weniger Ausbildungsprogramme für künftige Feinschmecker oder Haubenköche vorzustellen hat, sondern Übungen, die die hygienische Zubereitung und Aufbewahrung von Speisen betraf; die Kursleiterinnen der Nähkurse kamen darauf, daß die Leute von Svinia die Technik des Nähens ebenso vergessen hatten wie ihnen einfache handwerkliche Fähigkeiten verloren gegangen waren. Was kaputt ging, war kaputt, was zerrissen war, blieb zerrissen; wenn das Dach über dem Kopf einstürzte, hauste man eben ohne Dach über dem Kopf, und die Kleider wurden getragen, bis sie vom Leibe fielen oder eine karitative Organisation neues Gewand verteilte.

Im Juli 1998 war die Mala Svinka vernichtend auch durch Svinia gezogen. Erst als mir davon erzählt wurde, fiel mir der Bach auf, der auf halber Strecke zwischen der Landstraße und der Siedlung tief in seinem Bett dahinfloß. In jener Nacht war über die ganze Siedlung ein zäher Brei aus Lehm, Geröll, ausgerissenem Gesträuch gekommen; einzig die alten Steinhäuser, die noch aus der realsozialistischen Ära stammten, überstanden die Flut. Die Holzhütten und Lehmbaracken wurden zerstört. Das Erstaunliche, nein Erschreckende aber war, daß die Leute wie ohne Gedächtnis für ihre eigene Siedlung waren. Vier Wochen, nachdem die Mala Svinka ihren Ort verwüstet hatte und sich die Mitarbeiter des Svinia Projects daran machen wollten, den Ort neu aufzubauen, konnten seine Bewohner nicht mehr sagen, wo sie ihre Hütte gehabt hatten und wer ihre Nachbarn gewesen waren. Es brauchte Wochen, sie mittels Bilder, Zeichnungen, konstruierter Modelle daran zu erinnern, wie ihr Ort ausgesehen hatte und welches ihr Platz in ihm gewesen war. »Sie haben alles vergessen, sogar sich selbst«, sagte Martina.

Viele wohlmeinende Leute haben das Svinia-Project zu dem ihren gemacht, und Vereine und Organisationen aus mehreren Ländern haben sich ihm angeschlossen. Der slowakische Verein Minoritas, der ohne Unterstützung des Staates arbeitet, entwickelte mit den Bewohnern der Siedlung nach der Flut ein erstes Programm der Müllentsorgung, andere Organisationen übernahmen es, die Versorgung mit Trinkwasser zu gewährleisten und die Siedlung an die Kanalisation anzuschließen. Nichts davon aber sollte den Roma einfach frei Haus geliefert werden, bei allem hatten sie mitzuarbeiten. »Du kannst Dir nicht vorstellen, wie es hier früher ausgesehen hat«, sagte Martina und zeigte stolz über die Siedlung hin. Ich schaute um mich, sah, wie es ausschaute, und fragte mich, wie es hier, um Gottes willen, ausgeschaut haben mochte.

22

Immer wenn ich mit Dezider und seinem Freund Adam zusammentraf, wollten sie mir etwas beibringen und etwas von mir lernen. Das Grüßen und Zählen auf deutsch, slowakisch und romanes zuerst. Später die Bezeichnungen für Bruder, Schwester, Cousin, Tante. Die beiden waren gleichermaßen wißbegierig, intelligent und rotzfrech, und wären sie als Österreicher oder Slowaken auf die Welt gekommen, würden sie mit ihren zwölf Jahren heute gewiß das Gymnasium in Stockerau oder Bardejev oder sonstwo besuchen. Sie waren aber Roma aus Svinia, und darum gingen sie in eine Schule, in der sie streng von den slowakischen Kindern separiert wurden.

Mit kanadischem Geld war in der Pflichtschule von Svinia ein kostenloses Mittagessen für alle Kinder eingerichtet worden. Der erste Gedanke dabei war, daß die Roma-Kinder täglich eine warme Mahlzeit erhalten sollten; der zweite, daß das Menü auch den slowakischen Kindern zustehe, von denen auch nicht alle aus wohlhabenden Familien stammten; der dritte, daß sich beim gemeinsamen Mittagessen vielleicht jene Freundschaften über die ethnische Grenze hinweg entwickeln könnten, die vom sozialen Reglement, unter dem der Ort stand, strikte unterbunden wurden. Als nach einigen Monaten jene, die das Mittagessen finanzierten, Nachschau hielten, sahen sie, daß in einem Raum die weißen, in einem anderen die schwarzen Kinder aßen. Die weißen aßen mit Messer und Gabel, die schwarzen erhielten zum Zerteilen der Speisen nur Löffel und aßen im übrigen mit den Fingern. Den weißen Kindern wurde das Essen an Tischen serviert, die schwarzen erhielten es durch eine Durchreiche, ein schmales Fenster, das danach sogleich wieder geschlossen wurde, in ihren Raum geschoben. Die Tanten, wie sie sich bezeichnen ließen, Bedienstete des Gemeindeamtes, begründeten diese Trennung damit, daß Roma nun einmal nicht mit Besteck umgehen konnten und die Trennung unnötigen Streit vermeiden half.

Als ich ihn auf diesen Brauch ansprach, trug Dezider gerade einen schicken, peinlich sauber gehaltenen roten Pullover, der die Aufschrift »Success kids« trug. Ohne

Groll und Zeichen von Empörung bestätigte er mir, daß er keinen einzigen weißen Freund hatte und auch in der Schule niemals mit einem zu tun bekam. Aber warum eßt ihr in einem eigenen Raum und nicht zusammen mit den anderen Kindern, fragte ich ihn. Dezider war einer der intelligentesten Burschen, die ich je getroffen habe, und als er ein wenig zögerte zu antworten, geschah es nicht um seinetwillen, sondern meinetwegen. Er spürte, daß mich seine Antwort traurig, böse machen würde, aber er hatte keine andere und sagte sie, fast ein wenig bedauernd, aber doch so, als wäre es das Selbstverständliche: »Weil wir nur Roma sind.«

Auch einige Jahre, nachdem internationale und nationale Hilfsorganisationen die Zigeunersiedlung entdeckt hatten, war Svinia immer noch ein Ort der vollständigen, alle Lebensbereiche erfassenden Apartheid. Die Kinder gingen in verschiedene Klassen, sie aßen getrennt, selbst der Pfarrer, der dagegen einiges von der Kanzel herab vorzubringen wußte, hatte sich dem Druck gebeugt und Sonntags zwei Messen angesetzt, wie auch auf dem Gottesacker strikte Trennung herrschte und kein Roma, der es hinter sich gebracht hatte, zwischen Slowaken zu ruhen kam. Im ganzen Dorf gab es nur drei Orte, sagte Craig, wo die Weißen und die Schwarzen zusammentrafen. Das Postamt, auf dem die einen wie die anderen ihre Löhne, Sozialhilfen, Zuschüsse abholten; der Supermarkt, der einzige in Svinia, der geschäftlich nur überleben konnte, wenn alle hier ihre Einkäufe tätigten; und eines der beiden Wirtshäuser, die es gab, das übel beleumundete natürlich, in das ein anständiger Bewohner des Dorfes eigentlich nicht ging, in dem aber, wenn jenes Ruhetag hatte, das von den Anständigen frequentiert wurde, doch immer ein paar Weiße landeten, die gerade auf Zechtour eingestellt waren. Alles sonst im Ort gab es doppelt, sodaß die Leute, die dasselbe Dorf bewohnten, einander niemals begegnen mußten. Natürlich gingen sie auf denselben Straßen, aber dabei hatten sie eine Technik ausgebildet, die es ihnen ermöglichte, einander nah und zugleich unendlich fern zu sein. Sie gingen auf derselben Straße, aber lebten auf verschiedenen Sternen. So fiel es den Weißen gar nicht schwer, von den Roma nichts zu wissen.

23

Kleiner Katalog unverständlicher Fragen:
Was wirst Du in einem Jahr tun?
In welchen Ländern warst du schon?
Wo willst Du später leben?
Was wirst Du in einem Monat tun?
Wohin möchtest Du im Sommer auf Urlaub fahren?
Was wirst Du in einer Woche tun?
Was möchtest Du einmal werden?

24

Saša Mušinka hatte bei David Scheffel studiert, unterrichtete mittlerweile selber Ethnologie an der Universität Prešov und war der slowakische Leiter des Svinia Projects. Er hatte Studien und Aufsätze publiziert, in denen er über Kultur und Perspektiven der europäischen Roma, namentlich in der Ostslowakei Auskunft gab.

Svinia beschrieb er als den singulären Fall einer Gesellschaft, die in ihrer Entwicklung nicht nur zurück-, sondern gewissermaßen aus der Zeit gefallen war. Das Einzigartige an Svinia hänge damit zusammen, daß diese Siedlung offenbar über ein paar Jahrzehnte nahezu ohne jede Verbindung zur Außenwelt, ganz für sich und wie abgeschieden von der Welt existierte: in einem geradezu exterritorialen Raum.

Es ist anzunehmen, daß die Roma von Svinia irgendwann ähnlich wie die anderen wandernden oder seßhaften Roma der Region gelebt hatten. Offenbar hatten sie ursprünglich in zwei Siedlungen außerhalb der slowakischen Gemeinde gehaust, die eine, bessere, stand näher am Ort und an der Landstraße, war also sichtbar und wurde von jenen Familien bewohnt, die stärker in das ökonomische und soziale Leben der Region einbezogen waren. Die untere Siedlung stand etwa dort, wo die heutige zu finden ist, denn nach Plänen, von denen nicht mehr zu eruieren ist, ob sie von einer fernen Instanz oder der nahen Gemeinde ausgingen, wurde die bessere Siedlung geschliffen. Ihre Bewohner, die so etwas wie die ausgebildete Elite der Roma von Svinia dargestellt hatten, brachen entweder auf, um ihr Glück anderswo zu suchen, irgendwo im Osten der Slowakei, vielleicht aber auch in den nordböhmischen Industrierevieren, und keiner weiß, wo und wie ihre Nachfahren heute lebten, als Sozialhilfeempfänger oder Kaffeehausbesitzer in Bratislava oder, da es gerade die am besten ausgebildeten sind, die zu emigrieren versuchen und es mitunter auch zuwegebringen, vielleicht als Metallarbeiter in Malmö oder Musiker in Dijon. Oder sie zogen in die untere Siedlung, in die jene Zierden des sozialen Wohnbaus plaziert wurden, diese blockartigen Häuser, die noch dreißig Jahre später dem Hochwasser widerstehen sollten.

So wurde die alte Elite vertrieben, eine nach traditionellen Regeln organisierte Gemeinschaft zerstört, eine intakte Siedlung geschliffen und eine Gruppe von einigen hundert Menschen in die Unsichtbarkeit gezwungen: Aus einer Siedlung wurde ein Slum. Die Siedlung aus dem Blickfeld zu räumen, sie dorthin zu versetzen, wo sie vom Ort nicht und von der Landstraße aus kaum zu sehen war, mochte vielleicht sogar der einzige Zweck dieser Zwangsmaßnahme gewesen sein. Viel mehr ließ sich über die Vorgeschichte des heutigen Slums nicht mehr ermitteln; nicht, von wo die Siedler eigentlich stammten, wann und warum sie sich in Svinia niedergelassen hatten; nicht einmal die Namen derer, die fortzogen, als ihre Siedlung dem Fortschritt zum Opfer fiel, sind heute noch in einem Archiv des Dorfs oder des Bezirks aufzufinden, geschweige denn, daß man die Wege ausfindig machen könnte, die sie seither genommen haben. Sie sind verschwunden, und keine Spuren sollen von ihrer Anwesenheit und ihrem Verschwinden zeugen.

Wo immer Roma siedeln, achtet die Bürokratie penibel darauf, daß sich für sie keine Ansprüche, weder des Besitzes noch der Nutzung, ergeben. Als die wenigen burgenländischen Roma, die die Vernichtungslager der Nationalsozialisten überlebten, 1945 in ihre Dörfer zurückkehrten, fanden sie ihre Häuser zerstört oder aber von den Gemeinden für kommunale Zwecke genutzt. Keinem einzigen dieser österreichischen Roma gelang es, sich wieder in den Besitz dessen zu setzen, was ihm vorher gehört hatte, sei es ein einfaches Haus, das Mobiliar darin, die Erinnerungsstücke der Familie, ein Obstgarten, Werkzeug, ein Leiterwagen. Ihr Besitz war zerstört, von Nachbarn geraubt oder von den Bürgermeistern verteilt worden. Die burgenländischen Roma konnten aber auch nirgendwo ihren Anspruch auf Entschädigung geltend machen, denn dort, wo ihre Häuser gestanden hatten, waren im Kataster nur weiße, unbebaute Flächen verzeichnet, und ihre Wiesen fanden sich auf neuen Plänen und uralten Karten stets als Gemeindeeigentum benannt. Den Überlebenden, die aus den Lagern zurückkehrten, wurde von jenen, die ihnen, kaum daß sie abtransportiert worden waren, die Wohnungen und Werkstätten ausgeräumt hatten, gnädig Quartier in Scheunen oder verfallenen Keuschen zugewiesen, in denen sie oft über Jahre blieben; unbelehrt, wie sie zu ihrem Recht kommen könnten, oft auch unwillig, dieses Recht einzufordern, weil sie die Erfahrungen ihres Lebens lehrten, daß sie sich damit vermutlich nur neue Drangsal, neue Verfolgung einhandeln würden ...

Irgendwann vor vielleicht fünfzig Jahren ist das Roma-Dorf von Svinia von der Welt vergessen worden. Wer immer Kraft hatte, aus der Apathie auszubrechen, die sich über die Siedlung legte, war verschwunden, Leute mit besonderen Fähigkeiten im Handwerk, im Musizieren,

Leute, die irgendwo Verwandte hatten, bei denen sie Station machen konnten; die zurückblieben, versanken in eine Art von Schlaf, und ihr Ort rutschte immer weiter aus der Zeit, die den Ort umgab, aus der Zeit, die in der Welt verging und dabei die Welt veränderte. Die Zeit von Svinia, schrieb Mušinka, war irgendwann stehengeblieben, und als der Ort in den neunziger Jahren wieder entdeckt wurde, stellten die ersten Besucher, stellten David Scheffel, Saša Mušinka, die Studenten und Mitarbeiter von Hilfsorganisationen erstaunt fest, daß die Roma nicht nur in einer anderen Zeit zu leben schienen, sondern gewissermaßen jenseits von ihr, ja daß sie keinerlei Zeitempfinden, das dem unseren ähnlich war, hatten. Was vorgestern und was voriges Jahr geschehen war, das schien ihnen nahezu gleich weit entfernt zu sein, und sie konnten auch von wichtigen Angelegenheiten, Geburten, Hochzeiten, Todesfällen, nicht sagen, in welchem Jahr sie sich zugetragen hatten. Das letzte Ereignis, das sie mit dem Ort Svinia und deren Bewohnern teilten, war ein Fußballspiel gewesen, die jungen Roma hatten gegen den Club von Svinia gespielt, und das war erst vor kurzem gewesen, vielleicht vor fünf oder vor fünfzehn Jahren, und es hatte in der zweiten Halbzeit geregnet.

25

Als im Sommer 2002 die Fußballweltmeisterschaften in Korea und Japan veranstaltet wurden, lief das Turnier für die deutsche Mannschaft anfangs nicht besonders gut. Die

Spiele waren langweilig, die Siege erquält, Fußball schien eine jener Arbeiten zu sein, bei der kaum jemand auf die Idee käme, freiwillig zuzuschauen, etwa wie das Abschmirgeln einer Autokarosserie oder das Verlegen von Kanalrohren, das betrachten zu dürfen die Leute gemeinhin ja auch kein Geld bezahlen oder es sich zuhause vor dem Fernseher bequem machen. Weil wenig Erfreuliches zu berichten war, berichtete die Bild-Zeitung vom alltäglichen Leben in diesem schrecklichen Korea. Ihr vernichtendes Urteil über die schlitzäugigen Barbaren faßte sie in den Befund, daß man von ihnen Besseres auch nicht hatte erwarten dürfen, denn immerhin wären die Koreaner gewohnheitsmäßige Hundeesser.

Dem Europäer, dem der Appetit nach Schweinen geht, die im Dreck sich suhlten, nach Fröschen, die nächtens auf Teichen quakten und in denen sich unerlöste Prinzen verbergen, nach Hühnern, die, vollgepumpt mit Antibiotika, am Ende doch an dem Kot ersticken, den sie zu Zehntausenden in ihren Legebatterien erzeugten, dem Europäer mit seinem kultivierten Fleischverzehr ist die Vorstellung, jemand würde Hunde essen, ein Grauen. Das hängt natürlich mit der Rolle des Hundes zusammen, diesem besten Freund des Menschen, dem treuen Gefährten, Beschützer von Eigentum, zuweilen zurückbeißenden Objekt der Zärtlichkeit. Der Hundeesser firmiert in der Skala des Abscheus nur wenig über dem Kannibalen, von dem dieselbe Zeitung freilich ein paar Monate später berichten mußte, daß er neuerdings mitten in einer friedlichen deutschen Kleinstadt aufgetaucht und seinem merkwürdigen Verlangen nachgegangen sei.

Das Kastensystem, das mit der hinduistischen Religion entstanden ist, aber die Grenze zu den anderen Religionen Südasiens überschritten hat, kennt Hunderte, wahrscheinlich Tausende Kasten, von denen die der Hundeesser eine der niedersten ist. Um zu ihr zu gehören, ist es nicht notwendig, daß irgendjemand aus der Familie, dem Dorf, von den Vorfahren je Hunde gegessen hat. Es ist der Ruf, der den Hundeesser bis ins zehnte Glied der Nachkommenschaft als unrein verächtlich macht und als unberührbar aus der Gesellschaft ausstößt. Das Millionenheer der Unberührbaren rekrutiert sich aus den kraft unwandelbarer Tradition Ausgestoßenen und erneuert sich stetig durch die Mitglieder verschiedener Berufskasten, die mit Abfall, Wäsche, vor allem mit totem Fleisch zu tun haben, seien es die Tierkadaververwerter, Kalfaktoren oder auch die Leichenwäscher und Bestatter, von denen nicht nur der gläubige Hinduist überzeugt ist, daß sie unrein bleiben für immerdar.

Als die unterste Kaste der untersten Kasten gelten manchenorts die Wäscher, welche die Wäsche der Unberührbaren waschen. Sie dürfen nur nächtens auf der Straße gehen, denn selbst ihr Anblick verunreinigt den, dessen Blick zufällig auf sie fällt. Andere Wäscher oder Straßenkehrer müssen eine kleine Trommel bei sich tragen, um anzukündigen, daß sie sich nähern, und damit jenen, die ihnen nicht begegnen möchten, zu ermöglichen, in einen Hauseingang zu treten oder den Blick zu senken. Die Rituale der Reinheit sind in keiner Religion äußere Zutat, beliebiges Ornament, sondern vielmehr uraltes Menschheitserbe, das nah dem Kern des religiösen Empfindens wurzelt; freilich haben sich diese Rituale, außer dort, wo eine Religion der Neuzeit den Rückfall in fundamentalistische Vorzeit erleidet, gemeinhin zu symbolischen Handlungen zivilisiert.

Von rigiden Vorstellungen der Reinheit und Unreinheit hat in seinen Novellen aus der Karpato-Ukraine der tschechische Schriftsteller Ivan Olbracht erzählt. In Svídnik hatten mich die drei amerikanisch-europäischen Slowaken, die mir ihre Heimatstadt zeigten, auch in das prächtige »Nationalmuseum des ruthenischen Volkes« geführt, in dem Olbracht etliche Schaukästen gewidmet waren. Ein Kommunist der ersten Stunde, den die tschechischen Kommunisten schon im Gründungsjahr aus der Partei ausschlossen, hatte sich Olbracht fast als einziger Autor seiner Generation für die ferne, die östlichste Provinz der 1918 gegründeten tschechoslowakischen Republik interessiert und sie sich in den frühen dreißiger Jahren in mehreren Studienaufenthalten erschlossen. Die Novelle »Der Räuber Nikola Schuhaj«, die einem legendären ruthenischen Sozialrebellen gewidmet war, wurde in Dutzende Sprachen übersetzt und in Hunderttausenden Exemplaren aufgelegt. In seinen Geschichten wiederum, die in den chassidischen Dörfern der Karpaten spielen, hat er eine ganz andere jüdische Welt als jene kulturell verfeinerte der Metropole Prag gezeigt. Die streng orthodoxen Gemeinden im Bergland deutete er als eine Art von Theokratie, in der es von der Mikwe, vom Badehaus mit seinen rituellen Badevorschriften, bis zur rigiden Speisentrennung, die alleine verhindern konnte, daß die Nahrung treife, unrein, wurde, eine Fülle an Regeln gab, die im alltäglichen Leben nur schwer zu befolgen waren. Und doch, nur wer sich ihnen unterwarf, wie schwierig es auch sein mochte, konnte verhindern, unrein zu werden; die Unreinheit aber war ein Verhängnis, eine Schuld und Strafe zugleich, wie sie schlimmere für den Menschen auf Erden keine gab.

Die Vorstellung, daß bestimmte Menschen unrein seien, die Berührung mit ihnen verunreinige, ja ihr bloßer Anblick beschmutze, hat außerhalb Europas und in Europa selbst eine lange Tradition – und gewinnt bisweilen auch bei uns eine skurrile Aktualität. Saša Mušinka hat in seinen Studien die Praxis des Verspeisens von Hunden nicht einfach in Bausch und Bogen ins Reich der Legenden verwiesen. Er ist überzeugt, daß es Gemeinschaften von Zigeunern gab, die tatsächlich Hunde aßen, weniger aus Not übrigens, und nicht im Alltag, um den Hunger zu stillen. Der Verzehr von Hundefleisch war vielmehr in eine bestimmte Abfolge von kultischen Handlungen eingebettet und hatte innerhalb des kulturellen Selbstverständnisses dieser Gruppe seinen besonderen Stellenwert. Merkwürdigerweise hat gerade dieser Akt, der die wenigen hundeessenden Clans innerhalb der Gesamtheit der Roma stigmatisierte und zu Unberührbaren machte, ihnen zugleich einen besonderen Kontakt zu den Weißen ermöglicht. Das Fett, das beim Kochen des Hundes abfiel, wurde nämlich in Salben und Arzneien verarbeitet, denen viele Gadsche wundersame Heilkraft zubilligten. Während sie gerade deswegen verachtet wurden, weil sie Hunde verzehrten, pilgerten die angewiderten Gadsche nächtens zu den Zigeunern, um eine teure Salbe mit Hundefett zu erstehen, die ihnen endlich die Manneskraft zurückgeben, ihre Frauen von notorischer Unfruchtbarkeit heilen oder chronische Schmerzen lindern werde. So war der Grund der Verachtung für die Hundeesser auch ein Anlaß heimlichen Stolzes; heimlich war er aber jedenfalls, denn niemand hat je berichtet, daß Roma einen Hund öffentlich töteten oder gar vor weißen Zeugen verspeisten.

Der Brauch des Hundeessens, der nur im Rahmen besonderer Riten und Zeremonien vollzogen werden durfte, war ein Geheimnis, von dem jeder wußte und über das niemand sprach. Saša Mušinka vermutet, daß es wohl mehr als vierzig Jahre her ist, daß ihm zum letzten Mal in einer Roma-Gemeinde Tribut gezollt wurde, zu einem Zeitpunkt, als die meisten der heute lebenden Roma noch gar nicht auf der Welt waren. Die wenigen Alten von Svinia, eine Handvoll 50- und 60jähriger, stehen nicht im Status von Weisen, die altes Wissen hüten, das für den Bestand der Gruppe wichtig wäre. Vermutlich lebt also niemand mehr in Svinia, der noch wüßte, wie es mit dem Hundeessen war, und wie sie mit keinem Fremden je darüber sprechen würden, sprechen sie wahrscheinlich auch untereinander nicht mehr davon. Von zwei, drei Alten abgesehen, die damals noch Kinder waren, wird niemand von ihnen je Hundefleisch gegessen haben oder auch nur wissen, was es einst damit auf sich hatte. Aber ein jeder von ihnen hat akzeptiert, daß sie auf ewige Zeiten Degesi sind, Hundeesser, die von den Roma, die kein Gadsche von ihnen zu unterscheiden vermag, als unrein verachtet und gemieden werden.

26

Titus Horváth saß weit außerhalb der Siedlung unter dem vorspringenden Dach des Feuerwehrhauses, rauchte Pfeife und schnitzte. Er war nicht der einzige Künstler von Svinia, aber wahrscheinlich der fleißigste. Er schnitzte einprägsame Köpfe von Menschen und Geistern, kleine und größere Tiere, Armreifen mit phantastischer Tierornamentik, und wenn er schon relativ weit gekommen war und nur mehr einzelne Unebenheiten zu beseitigen hatte, arbeitete er lässig mit der virtuosen Technik, das Objekt, an dem er mit der Klinge schabte, und das Schnitzmesser in derselben Hand zu halten; seine Kinder aber mußten mittags in der Schule das Fleisch mit dem Blechlöffel teilen, weil die netten Tanten überzeugt waren, daß Roma-Kinder mit Messern nicht umgehen konnten.

Ich fragte ihn, warum er hier saß oder eigentlich hockte, und er antwortete mit abfälliger Gebärde, daß es drüben – in der Siedlung – viel zu laut wäre. Es war ein schöner Frühlingstag, die Kälte, die zu Ostern noch einmal zurückgekommen war mit diesem beißenden Wind, mit Graupelschauern und düster wolkenverhangenen Tagen, schien endgültig besiegt zu sein, und in der Siedlung war mittags schon ziemlich viel los. Nahe bei der Landstraße standen ein paar Halbwüchsige, die einander einen kleinen Plastiksack weiterreichten, an dem sie abwechselnd heftig schnüffelten. Ein Stück weiter, am Zufahrtsweg zur Siedlung, übte der Breakdancer. Er sprang immer wieder auf und ließ sich in einen Spagat fallen, aus dem er in eine Stellung federte, die es ihm erlaubte, sich mit Affengeschwindigkeit um die eigene Achse zu drehen. Nur ein paar Meter von ihm entfernt war der ungekrönte Gaberlweltmeister selbstvergessen seiner Lieblingsbeschäftigung hingegeben. Er war vielleicht sechzehn, hatte einen Lederball, den er stundenlang abwechselnd mit dem rechten und dem linken Bein, den Oberschenkeln, dem Kopf und beiden Schultern in die Höhe lupfen konnte, ohne daß er ihm je zu Boden gefallen wäre. Manchmal war er barfuß, heute hatte er zwei verschiedene Schuhe an, einen Turnschuh der Marke Adidas am rechten, einen braunen Halbschuh am linken Fuß, er konnte sich nebenbei unterhalten, grüßen, mir die Hand reichen und mit seinem Zauberwerk fortfahren. Die Scouts der Sportvereine, die sogenannten Nachwuchssucher der slowakischen Sportverbände sind noch nicht darauf gekommen, welche Talente sie in den Roma-Siedlungen finden und fördern könnten, dem slowakischen Sport zum internationalen Ruhm, den Roma als Chance gesellschaftlicher Integration. Mein Gaberlweltmeister hat keinen Fußballclub gefunden, in dem er mit seinen Kunststücken brillieren könnte, der Breakdancer keinen Turnverein, der ihn zu einem Trainer gebracht und auf Turnieren eingesetzt hätte. Der Sport, den die Benachteiligten der Gesellschaft oft für ihren Aufstieg zu nutzen wissen, den Roma ist selbst diese Domäne verwehrt.

Am Eingang der Siedlung legten drei junge Burschen auf einem Hausdach sachkundig Bretter auf, die sie mit schweren Hammerschlägen befestigten. Als sie mich sahen, erhoben sie sich triumphierend, markierten Muskelprotze und riefen, rundum beifällig für ihre selbstironische Präsentation akklamiert: »Schau her, wir sind Roma, die arbeiten!« Das mit der Arbeit war nämlich so eine Sache, denn die letzten Erhebungen des Arbeitsamtes hatten ergeben, daß in Svinia die Arbeitslosigkeit genau hundert Prozent betrug. Seit ein paar Jahren war der Schulbesuch verpflichtend und gegen die selbstverständliche Separation, die gewohnheitsmäßige Abschiebung der Roma-Kinder in Sonderschulen, Sonderklassen wandten sich immer mehr slowakische Pädagogen und mitunter auch Schuldirektoren. Auch gab es in der Siedlung einen vom kanadischen Entwicklungsfond unterstützten Kindergarten, in dem romanes und slowakisch gesprochen wurde, sodaß die meisten Kinder, die eingeschult wurden, dem Unterricht auf slowakisch bereits folgen konnten. Schien es seit einigen Jahren schulisch langsam bergauf zu gehen, standen die Jugendlichen im Ort, wenn sie die Pflichtschule verließen, doch auf der Straße, in der Siedlung herum wie ihre Väter, von denen viele nicht lesen und schreiben konnten.

Gearbeitet wurde jetzt, zur Mittagsstunde, aber überall. Vor dem Haus, dessen Dach gerade ausgebessert wurde, werkten sechs junge Männer an einem Auto, das anderswo längst beim Altmetallhändler gelandet wäre; in der Werkstatt, hinten im Haus mit dem Ahorn, hatten sich heute drei Erwachsene eingefunden, um Wachskerzen zu ziehen, die von gezählten Restaurants der Region gekauft, zum überwiegenden Teil aber in Kanada vertrieben wurden. Und auch ein paar Frauen, die Taschen aus Stoff herstellten und eigenwillig verzierten, waren konzentriert bei der Arbeit. Im Staub lagen ein paar dieser zerzausten Hunde, die von den Kindern abwechselnd hochgehoben, geherzt, herumgetragen oder aber, wenn sie im Weg waren, mit einem angedeuteten Fußtritt verjagt wurden, friedliche Tiere bis auf einen, der abseits in einem großen Käfig saß und offenbar abgerichtet war, die dort abgestellten Holzbretter zu bewachen. Es war gar nicht so laut heute, wie Titus behauptet hatte, eher geschäftig, belebt. »Du müßtest einmal im Sommer kommen«, hatte Martina gesagt, »da ist es oft sehr stimmungsvoll. Am Abend, wenn es finster geworden ist, stellen die Leute Kerzen in die Fenster, und manchmal spielt die Musikgruppe, und keiner geht vor Mitternacht schlafen.«

Bei einem meiner ersten Besuche, als ich mich mit dem jungen Slowaken unterhielt, der die Werkstatt für Wachszieherei leitete, war ein großer, stattlicher Mann mit kräftigem krausen Haarschopf langsam zu uns getreten, hatte mich lange gemustert, wohlwollend genickt, aber nicht mit jener zuweilen übertriebenen, besitzergreifenden Freundlichkeit, die hier nicht nur den Kindern eigen war. Seine muskulösen Arme waren bis zu den Fingerspitzen tätowiert und wirkten, als könnten sie ordentlich zupacken, schwere Dinge schleppen, im Streit freche Burschen wegstoßen. Aber es waren die Arme eines Gitarristen. Ignác Cervenák war Gitarrist und Sänger der Gruppe Čores Romale, die sich aus Mitgliedern der Familien Cervenák, Holub, Čikala und Ginová gebildet hatte und seit einigen Jahren zusammen spielte. Mir war aufgefallen, daß er auch unter seinem geöffneten Hemdkragen um den Hals tätowiert war, und als er bemerkte, daß ich unauffällig dorthin schaute, öffnete er zwei Knöpfe und zog den Kragen auseinander, sodaß ich lesen konnte, was, wie in einer Art von Halskrause, dort mit blauschwarzer Schrift geschrieben stand: »L'úbim t'a.«

Vor ein paar Jahren war Ignác, der ein wenig Geld als Musiker in Gasthäusern verdiente, von einer Gruppe von Skinheads verfolgt, gestellt und zusammengeschlagen worden. Damals hatte er sich auf den Hals, zur Begrüßung aller Leute, die er noch treffen mochte, das Bekenntnis tätowieren lassen: Ich liebe Dich. Er sah aus wie ein Mann, den man nicht reizen sollte und der über große körperliche Kräfte verfügte, aber er hatte sich auf die Haut geschrieben, daß er selbst seine Feinde liebte, und er tat es in der Hoffnung, so in jenen Skinheads, die manchenorts in der Slowakei Jagd auf Roma machen, eine Ahnung von brüderlichem Empfinden wecken zu können, denn immerhin hatte er es in ihrer, nicht in seiner Sprache, auf slowakisch, nicht auf romanes in seine Haut geätzt.

Ignác Cervenák war der Vajda des Ortes, jener Mann, der von allen respektiert wurde, an den man sich wandte, wenn es Streit zu schlichten galt und mit dem sprechen sollte, wer von draußen kam und sich in der Siedlung länger als nur für einen kurzen Besuch umschauen wollte. Der Vajda hatte nicht mehr die Reputation früherer Clanführer, die alte Kultur hatte sich ja längst zersetzt, aber dieser hier strahlte eine Ruhe und Würde aus, die mich ahnen ließ, was ein Vajda einst gewesen sein mag und welche Bedeutung dieser Mann für die Leute der Siedlung noch jetzt haben mochte. Gleich beim ersten Mal brachte er mir eine Kassette, die seine Gruppe in einem

Studio in Prešov hatte aufnehmen lassen und die melodiöse, rhythmisch traditionell gehaltene, bei den Gitarrensoli an den Jazz anklingende Lieder enthielt, in denen die Sängerinnen von der Last und dem Glück sangen, Roma zu sein. Es war gar nicht in Frage gekommen, ihm die Kassette zu bezahlen, mit den gewichtigen Gesten, die er sparsam einsetzte, hatte Ignác sich solches verbeten. Jetzt, zur Mittagsstunde, hörte ich in einer der Wohnungen zwei Gitarristen spielen, die, ohne Gesang, offenbar ein neues Lied einstudierten oder gemeinsam gerade erst fanden.

In diesem Augenblick, die hämmernden Dachdecker und die an ihrem Autowrack werkenden jungen Männer vor mir, schien auf dem Hauptplatz, auf dem die Pfützen ausgetrocknet waren und von dem der Abfall nahezu vollständig entfernt worden war, die Zeit still zu stehen; sie schien still zu stehen, obwohl es kein Bild der Erstarrung war, das sich mir bot und ein paar junge Mütter mit ihren Säuglingen zum Brunnen zogen. Von weit draußen, vom Ort, in dem die Schule stand, hörte ich das ausgelassene Rufen und Schreien der Schulkinder, die heimwärts liefen, und im selben Augenblick mußte ich an meine Tochter Milena denken, die weit weg von hier, in einer anderen Welt, vielleicht auch gerade dabei war, aus der Schule nach Hause zu kommen, und mit einem Mal war die Sehnsucht, sie zu sehen, mit ihr zu sprechen und in ihre, in meine Welt zurückzukehren, so groß, daß ich kaum zu atmen vermochte.

Ich riß mich aus dem Bild des Stillstands heraus und zog den heimkehrenden Kindern entgegen, die mich, wie es ihre Gewohnheit war, gleich fragten, wann ich wieder kommen würde, und ich sagte ihnen, vielleicht nächstes Jahr, und Dezider, der Schlaueste von ihnen, rief gleich mit gespielter Trauer: Was, erst nächstes Jahr?, aber sie waren immer traurig, wenn jemand ihre Siedlung verließ, sie begleiteten ihn dann so weit vor das Slum, wie sie durften, und die Nachricht, daß einer vielleicht nächstes Jahr wiederkehren würde, klang ihnen gewiß nicht anders als die, daß er ganz sicher nächste Woche vorbeischauen werde.

Abends aber, im Hotel, als ich die Hefte und Notizblöcke, die Aufzeichnungen, Karten, Bücher ordnete und mein Zeug zusammenpackte, um nach Poprad zu fahren und von dort den Zug nach Bratislava zu nehmen, fand ich in der Windjacke, die ich tagsüber getragen hatte, die rostige Schnalle eines Gürtels, eine blaue Haarklammer aus Plastik, ein Knäuel Papier und ein abgebrochenes Stück Schulkreide. Wenn einer fortging, war es bei den Hundeessern von Svinia üblich, daß sie ihm etwas in sein Gepäck schmuggelten, nicht so sehr als Geschenk oder zur Erinnerung, sondern damit etwas von ihnen in die Welt gelange, von der sie nichts wußten, und sie mit der Welt verbinde, die alles daran setzte, sie von sich fernzuhalten. So haben sie, als ich sie verließ, doch gewußt, daß »vielleicht« etwas anderes bedeutet als »sicher« und das nächste Jahr noch lange nicht in der nächsten Woche beginnt.

Dank

Zwischen 2001 und 2003 habe ich die Slowakei, namentlich den Osten des Landes, mehrfach bereist. Meist begleitete mich dabei als Freund, Fahrer und Fotograf Kurt Kaindl, mit dem ich schon seit Jahren auf mancherlei Routen durch Europa unterwegs bin.

Viele haben mich bei meiner Arbeit mit wertvollen Hinweisen, persönlicher Vermittlung und Hilfe in Rat und Tat unterstützt. Insbesondere danke ich Gabriele Matzner und Walter Persche, bis 2002 als Botschafterin beziehungsweise Kulturattaché an der österreichischen Botschaft in Bratislava tätig; Frau Mag. Gerhild Kronberger, Lektorin an der Universität in Košice, die für meine Recherchen wichtige Adressen und Telefonnummern auftrieb; Marie Poirot in Košice, Craig Johnson und Martina Temkovitzová in Svinia. Unentbehrliche Informationen verdanke ich der zweimonatlich als Beilage der Wochenzeitung Domino fórum erscheinenden Rómske listy, die von Krístina Magdolenová herausgegeben wird und viele Artikel unter www.romskelisty.sk auch ins Internet stellt, darunter auch einen Beitrag von Saša Mušinka über Svinia. Im Internet sind auch die Adressen vieler Roma-Hilfsorganisationen wie etwa www.inforoma.sk zu finden, die ihre Informationen teils in englischer Sprache verbreiten und sowohl statistische Daten bieten als auch von aktuellen Vorkommnissen berichten und Adressen von Selbsthilfegruppen und Forschungsstellen anführen.

»Karl-Markus Gauß ist ein virtuoser Spurensucher.«

Richard Wagner, Neue Zürcher Zeitung

Elektrėnai, 1962 als »erste atheistische Stadt der Sozialistischen Sowjetrepublik Litauen« aus dem Boden gestampft; Smolník, die mittelalterliche Bergbaustadt im Süden der Slowakei; Kudrjawka, eine vergessene Containersiedlung im ukrainischen Niemandsland: drei Schauplätze deutscher Geschichte und Gegenwart. Von der Ostsee bis ans Schwarze Meer ist Karl-Markus Gauß, der literarische Kartograph des unbekannten Europa, gereist, auf der Suche nach den versprengten Deutschen.

240 Seiten mit Fotos von Kurt Kaindl
Gebunden. ISBN 3-552-05354-9

Zsolnay Z Verlag

www.zsolnay.at

Aktuelle Themen im dtv

Stefan Aust
Cordt Schnibben
Irak
Geschichte eines modernen Krieges
ISBN 3-423-**34137**-8

Olaf Baale
Die Verwaltungsarmee
Wie der Staat ruiniert wird
ISBN 3-423-**24412**-7

Galina Breitkreuz
Erst kommt die Angst
Afghanistans mutige Frauen
ISBN 3-423-**24487**-9

Colin J. Campbell
Ölwechsel!
Das Ende des Erdölzeitalters und die Weichenstellung für die Zukunft
Übers. v. H. Roth
ISBN 3-423-**24321**-X

Jim Collins
Der Weg zu den Besten
Die sieben Management-Prinzipien für dauerhaften Unternehmenserfolg
Übers. v. M. Baltes u. F. Böhler
ISBN 3-423-**34039**-8

Hans-Peter Dürr
Für eine zivile Gesellschaft
Beiträge zu unserer Zukunftsfähigkeit
ISBN 3-423-**36177**-8

Francis Fukuyama
Der große Aufbruch
Wie unsere Gesellschaft eine neue Ordnung erfindet
Übers. v. K. Dürr und U. Schäfer
ISBN 3-423-**36271**-5

Das Ende des Menschen
Übers. v. K. Kochmann
ISBN 3-423-**34070**-3

Mario Gmür
Der öffentliche Mensch
Medienstars und Medienopfer
ISBN 3-423-**36260**-X

Günter Grass, Daniela Dahn, Johano Strasser
In einem reichen Land
Zeugnisse alltäglichen Leidens an der Gesellschaft
ISBN 3-423-**34131**-9

Robert Greene
Power
Die 48 Gesetze der Macht
Übers. v. H. Schickert und B. Brandau
ISBN 3-423-**36248**-0

Die 24 Gesetze der Verführung
Ein Joost-Elffers-Buch
Übers. v. H. Schickert
ISBN 3-423-**34081**-9

Jahrbuch 2005
Zahlen · Daten · Analysen
Hg. v. DER SPIEGEL
ISBN 3-423-**32005**-2

Bitte besuchen Sie uns im Internet: www.dtv.de

Aktuelle Themen im dtv

Amira Hass
Gaza
Tage und Nächte in einem besetzten Land
Übers. v. S. Langhaeuser
ISBN 3-423-**34138**-6

Mark Hertsgaard
Im Schatten des Sternenbanners
Amerika und der Rest der Welt
Übers. v. F. Griese
ISBN 3-423-**34157**-2

Marie-France Hirigoyen
Die Masken der Niedertracht
Seelische Gewalt im Alltag und wie man sich dagegen wehren kann
Übers. v. M. Marx
ISBN 3-423-**36288**-X

Mobbing: Wenn der Job zur Hölle wird
Seelische Gewalt am Arbeitsplatz und wie man sich dagegen wehrt
Übers. v. I. M. Gabler
ISBN 3-423-**34123**-8

Michael Howard
Die Erfindung des Friedens
Über den Krieg und die Ordnung der Welt
Übers. v. M. Haupt
ISBN 3-423-**34179**-3

Harald Klimenta
Was Börsen-Gurus verschweigen
12 Illusionen über die Finanzwelt
ISBN 3-423-**36282**-0

Frank Lehmann
Wirtschaft
Worauf es wirklich ankommt
ISBN 3-423-**34096**-7

Rüdiger Liedtke
Die Vertreibung der Stille
Leben mit der akustischen Umweltverschmutzung
ISBN 3-423-**34062**-2

Joan Magretta
Basic Management
Alles, was man wissen muß
Übers. v. M. Bauer
ISBN 3-423-**34064**-9

Irshad Manji
Der Aufbruch
Plädoyer für einen aufgeklärten Islam
Übers. v. S. Aeckerle
ISBN 3-423-**34193**-9

Dirk Schümer
Das Gesicht Europas
Ein Kontinent wächst zusammen
ISBN 3-423-**34058**-4

Bitte besuchen Sie uns im Internet: www.dtv.de

Aktuelle Themen im dtv

Reinhard Merkel
Forschungsobjekt Embryo
Verfassungsrechtliche und ethische Grundlagen der Forschung an menschlichen embryonalen Stammzellen
ISBN 3-423-**36294**-4

Christian Nürnberger
Kirche, wo bist du?
Warum läuft die Kirche dem Zeitgeist hinterher, statt ihm wesentliche Impulse zu vermitteln?
ISBN 3-423-**24232**-9

Nikolaus Piper
Willkommen in der Wirklichkeit
Wie Deutschland den Abstieg vermeiden kann
ISBN 3-423-**24442**-9

Peter Scowen
USA
Ein Schwarzbuch
Übers. v. S. Hunzinger und K. Neff
ISBN 3-423-**24414**-3

Frederic Vester
Phänomen Streß
Wo liegt sein Ursprung, warum ist er lebenswichtig, wodurch ist er entartet?
ISBN 3-423-**33044**-9

Wolf Wagner
Wie Politik funktioniert
3-423-**34163**-7

Bitte besuchen Sie uns im Internet: www.dtv.de

Gudrun Pausewang im dtv

»Gudrun Pausewang plädiert in ihren Werken für die Verständigung zwischen den Völkern und Rassen, für Toleranz, gegen Haß, Gewalt und Krieg.«
Günter Höhne in der ›Neuen Zeit‹

Kinderbesuch
Roman
ISBN 3-423-12749-X

Ein deutsches Ehepaar besucht seine in Südamerika lebende Tochter. »Ein Lehrstück über die erschütternden Gegensätze zwischen arm und reich in Lateinamerika und über unser aller Defizit an Information und Verständnis.« (Süddeutscher Rundfunk)

Wiedersehen mit Anna
ISBN 3-423-25188-3

Eine Reise in die Ukraine wird zur Reise in die eigene Vergangenheit. »Hier wird Zeitgeschichte als Alltagsgeschichte und als Familiengeschichte lebendig.« (Ute Maurer im ›Evangelischen Gemeindeblatt für Württemberg‹)

Rosinkawiese – damals und heute
ISBN 3-423-13203-5

Erinnerungen an Böhmen. Ein autobiographischer Bericht vom »einfachen Leben«. Ein Buch der Verständigung zwischen den Generationen. Eine Geschichte der Versöhnung. ›Rosinkawiese. Alternatives Leben in den zwanziger Jahren‹, ›Fern von der Rosinkawiese. Die Geschichte einer Flucht‹ und ›Geliebte Rosinkawiese. Die Geschichte einer Freundschaft über die Grenzen‹ – jetzt in einem Band!
»Gudrun Pausewang leistet Aufklärung, ohne etwas zu verschweigen. Sie nötigt zu einem differenzierten Bild von der Vergangenheit – um der Zukunftsaufgaben willen, die vor uns liegen.« (Malte Dahrendorf)

Bitte besuchen Sie uns im Internet: www.dtv.de

Ivan Klíma im dtv

»Ivan Klíma macht süchtig.«
Der Tagesspiegel

Meine ersten Lieben
Erzählungen
Übers. v. Anja Tippner
ISBN 3-423-**12309**-5
Sechs Erzählungen von Ivan Klíma über seine ersten Lieben, geprägt von leiser Wehmut – und von seinem unverwechselbaren Humor.

Ein Liebessommer
Roman
Übers. v. Alexandra und Gerhard Baumrucker
ISBN 3-423-**12339**-7
Alles setzt David aufs Spiel, um seiner jungen schönen Geliebten zu gefallen: Karriere, Geld, Familie. Ist es wirklich Liebe oder nur eine verhängnisvolle Leidenschaft? – Ein Liebesroman für alle, die keine Liebesromane mögen.

Warten auf Dunkelheit, Warten auf Licht
Roman
Übers. v. Anja Tippner
ISBN 3-423-**12742**-2
»Was war das, die Zukunft? Sie war eine Zeit, die alles in Frage stellte, was ihr vorausgegangen war.« Pavel Fuks, Träumer und Zauderer, wird durch den Umbruch 1989 in der ČSSR beruflich und privat aus der Bahn geworfen. – Der große Wende-Roman über die neue Freiheit im Osten.

Liebe und Müll
Roman
Übers. v. Alexandra Baumrucker
ISBN 3-423-**13330**-9
»Ein wunderbares Buch, das mit entwaffnender Unbefangenheit von einer großen emotionalen (und erotischen) Verwirrung erzählt.« (Philip Roth)

Liebesgespräche
Übers. v. Anja Tippner
ISBN 3-423-**13352**-X
Was ist die Liebe? Und wie lebt man sie, die große, einzige, wahre? Sonderbare und geheimnisvolle Geschichten über die Liebe. »Literatur, die Bestand haben wird.« (Stefan Berkholz in der ›Zeit‹)

Bitte besuchen Sie uns im Internet: www.dtv.de

Angelika Schrobsdorff im dtv

»Die Schrobsdorff hat ihr Leben lang nur wahre Sätze geschrieben.«
Johannes Mario Simmel

Die Reise nach Sofia
ISBN 3-423-10539-9
Sofia und Paris – ein Bild zweier Welten: Beobachtungen über Konsum und Liebe, Freiheit und Glück in Ost und West.

Die Herren
Roman
ISBN 3-423-10894-0
Ein psychologisch-erotischer Roman, dessen Erstveröffentlichung 1961 als skandalös empfunden wurde.

Jerusalem war immer eine schwere Adresse
ISBN 3-423-11442-8
Ein Bericht über den Aufstand der Palästinenser, ein sehr persönliches, menschliches Zeugnis für Versöhnung und Toleranz.

Der Geliebte
Roman
ISBN 3-423-11546-7
Stationen einer Liebe: Berlin, München, New York.

Der schöne Mann und andere Erzählungen
ISBN 3-423-11637-4

Die kurze Stunde zwischen Tag und Nacht
Roman
ISBN 3-423-11697-8

»Du bist nicht so wie andre Mütter«
Die Geschichte einer leidenschaftlichen Frau
ISBN 3-423-11916-0

Spuren
Roman
ISBN 3-423-11951-9
Eine junge Frau und ihr achtjähriger Sohn.

Jericho
Eine Liebesgeschichte
ISBN 3-423-12317-6
und dtv großdruck
ISBN 3-423-25156-5

Grandhotel Bulgaria
Heimkehr in die Vergangenheit
ISBN 3-423-12852-6

Wenn ich dich je vergesse, oh Jerusalem ...
ISBN 3-423-13239-6

Von der Erinnerung geweckt
ISBN 3-423-24153-5

Bitte besuchen Sie uns im Internet: www.dtv.de

Ken Saro-Wiwa im dtv

Die Sterne dort unten
Erzählungen
Übersetzt von Chris Hirte
ISBN 3-423-12334-6

Geschichten von Nigeria: voll Wärme und Komik, anrührend und trotzdem unerbittlich.

Sozaboy
Roman
Übersetzt von Gerhard Grotjahn-Pape
ISBN 3-423-12418-0

Ein junger Afrikaner im Bürgerkrieg: Voll naiver Lebenslust und Energie meldet er sich als Soldat und wird von der verwirrenden und schrecklichen Realität des Krieges überwältigt.

Lemonas Geschichte
Roman
Übersetzt von Gerhard Grotjahn-Pape
ISBN 3-423-13050-4

Lemona wächst in großer Armut auf dem Lande auf. Als sie eine Stellung in der Stadt findet, ist sie sicher: Jetzt wird sie ihr Glück machen ... Das Leben einer jungen Frau in Nigeria – abenteuerlich, bunt, voll Lebensfreude, aber auch von Hilflosigkeit und Abhängigkeit gezeichnet.

Ken Saro-Wiwa, 1941 in Nigeria geboren, setzte sich in seiner Heimat für Umweltschutz und Menschenrechte ein und machte international auf die ökologische Katastrophe aufmerksam, die die Ausbeutung der Ölvorkommen in Nigeria angerichtet hatte. 1994 erhielt er den Alternativen Nobelpreis. 1995 wurde er von der Militärdiktatur Nigerias hingerichtet. Er wurde postum für den Friedensnobelpreis 1996 nominiert.

Bitte besuchen Sie uns im Internet: www.dtv.de

Aleksandar Tišma im dtv

»Tišma sieht, zeigt und erzählt wie einer, der alles über den Menschen zu wissen scheint.«
Ursula März in der ›Frankfurter Rundschau‹

Der Gebrauch des Menschen
Roman
Übers. v. Barbara Antkowiak
ISBN 3-423-**11958**-6
Bis zum Zweiten Weltkrieg kommen die Menschen in Novi Sad relativ friedlich miteinander aus – Serben, Ungarn, die deutschsprachigen »Schwaben« und Juden. Krieg, Terror und Unmenschlichkeit reißen die Stadt aus ihren Träumen.

Die Schule der Gottlosigkeit
Erzählungen
Übers. v. Barbara Antkowiak
ISBN 3-423-**12138**-6
In Extremsituationen zeigt sich die Natur des Menschen unverhüllt: Vier Geschichten aus dem Krieg – von Menschen am Rande des Abgrunds.

Das Buch Blam
Roman
Übers. v. Barbara Antkowiak
ISBN 3-423-**12340**-0
Novi Sad nach dem Zweiten Weltkrieg. Blam durchwandert als melancholischer Betrachter die Wege und Straßen seiner Heimatstadt.

Die wir lieben
Übers. v. Barbara Antkowiak
ISBN 3-423-**12623**-X
Ein Buch über die Prostituierten in Tišmas Heimatstadt – und über das Geschäft mit der Liebe.

Kapo
Roman
Übers. v. Barbara Antkowiak
ISBN 3-423-**12706**-6
»Aleksandar Tišmas Roman ›Kapo‹ ist ein ebenso großartiges wie irritierendes Psychogramm eines älteren Juden, der als junger Todeskandidat ins KZ gekommen war und als Handlanger der Mörder überlebte ... ein meisterhaftes Stück Literatur.« (Thomas Grob im ›Tages-Anzeiger‹)

Treue und Verrat
Roman
Übers. v. Barbara Antkowiak
ISBN 3-423-**12862**-3
Während des Krieges war er im Widerstand, saß im Gefängnis, seine Geliebte wurde erschossen. Die Erfahrung, daß Treue und Verrat eng zusammengehören, bestimmt Sergijes Leben auch nach dem Krieg.

Bitte besuchen Sie uns im Internet: www.dtv.de

Milan Kundera im dtv

»Kunderas Werk ist die Comédie humaine
des 20. Jahrhunderts.«
Kvéstolav Chvatík

Abschiedswalzer
Roman
Übers. v. Susanna Roth
ISBN 3-423-**12429**-6

In einem Kurort umarmen sich acht Personen im Rhythmus eines Walzers, der immer schneller wird … Die ernsthaftesten Fragen werden hier mit einer Leichtigkeit gestellt, die uns begreifen läßt, daß uns die moderne Welt selbst um das Recht auf das Tragische gebracht hat.

Der Scherz
Roman
Übers. v. Susanna Roth
ISBN 3-423-**12521**-7

Mit einer Postkarte, die als Scherz gedacht war, stürzt sich der Student Ludvik ins Unglück … Vordergründig eine ČSSR-Satire, eigentlich ein Buch über »die grundlegende Problematik des Individuums, das … doch nur Spielball ist«. (FAZ)

Das Leben ist anderswo
Roman
Übers. v. Susanna Roth
ISBN 3-423-**12730**-9

Jaromil, der Held des Romans, ist jung, talentiert und – ein Dichter. Seine ehrgeizige Mutter fördert sein Talent und begleitet ihn ein Leben lang überallhin.

Das Buch vom Lachen und Vergessen
Roman
Übers. v. Susanna Roth
ISBN 3-423-**12790**-2
und dtv großdruck
ISBN 3-423-**25210**-3

Im Lachen und Vergessen findet sich die ganze Ambivalenz menschlicher Gefühle, über die Milan Kundera einfühlsam und fesselnd zugleich schreibt.

Bitte besuchen Sie uns im Internet: www.dtv.de

Das Gesamtwerk des polnisch-jüdischen Autors Bruno Schulz bei dtv

Die Zimtläden
und alle anderen Erzählungen
Hg. v. Mikolaj Dutsch
Übers. v. Joseph Hahn
ISBN 3-423-**13236**-1

Die Wirklichkeit ist Schatten des Wortes
Aufsätze und Briefe
Hg. v. Jerzy Ficowski
Übers. v. Mikolaj Dutsch und Joseph Hahn
ISBN 3-423-**12822**-4

Das graphische Werk
Illustrationen von Bruno Schulz
ISBN 3-423-**12823**-2

»Es blieb sehr viel übrig, nämlich fast das gesamte Werk dieses genialen Menschen, fast seine gesamte gestorbene Welt, empfangen in dieser märchenhaften, wunderbar deformierenden und uns dadurch bereichernden Phantasie, die tausendmal reicher war als die gewöhnliche Phantasie, das Zeichen des Göttlichen trug und darum vom Anfang bis zum Ende Leiden und Angst war… Schulz' Genie besteht für mich darin, dass dieser Schriftsteller durch die Deformierung der Wirklichkeit bis zu den innersten, tief versteckten Winkeln der menschlichen Seele vordringt.« (Andrzej Szczypiorski)

Bitte besuchen Sie uns im Internet: www.dtv.de